옛 선비들의 국토 기행

옛 선비들의 국토 기행

원영주 글 | 이수진 그림 | 권태균 사진

주니어김영사

머리말

　우리나라에는 방방곡곡 경치 좋고 아름다운 곳이 많아요. 금으로 수를 놓은 듯한 강과 산이라고 해서 우리나라를 '삼천 리 금수강산'이라고 자주 불렀죠. 푸르른 산, 시원한 강가, 파도가 넘실대는 바닷가……. 그래서 방학이 되거나 주말이 되면 짐을 싸서 훌쩍 여행을 떠나는 사람들이 참 많아요.
　옛 사람들도 우리와 마찬가지로 경치가 좋은 곳을 찾아다니면서 구경하는 일을 즐겼어요. 그렇다고 옛 사람들이 유람하는 장소가 따로 정해진 것은 아니었어요.
　가깝게는 도성 안의 동네인 삼청동이나 세검정에 놀러 가기도 했고, 멀게는 제주도의 한라산에 오르기도 했지요. 바다 건너 영종도나 보길도로 가 섬을 구경하기도 했고요. 산, 강, 바다, 섬, 온천까지 경치가 좋은 곳이라면 어디든지 떠났답니다.
　이 책은 고려 시대 후기와 조선 시대에 살았던 양반들이 우리나라의 여러 곳을 여행한 뒤 그 흔적을 남긴 글을 모아 다듬은 거예요. 옛 기행문은 한문으로 되어 있어서 읽기 쉽지 않기 때문에 요즘 말로 번역해 읽기 쉽게 고쳐 쓴 것이지요.
　기행문은 여행을 하면서 본 것, 겪었던 일, 느꼈던 점 등을 자세하게 쓴 글이에요. 그래서 기행문 한 편을 읽으면 그곳에 직접 다녀오지 않아도 그 장소

의 모습을 생생하게 그려볼 수 있어요.

옛 사람들의 기행문에는 주변 경관뿐만 아니라 여행의 과정이 아주 생생하게 기록되어 있어요. 어떤 것은 날짜별로 정리가 되어 아주 세세한 부분까지 적혀 있어요. 수발을 드는 하인을 데리고 여행을 떠난 이야기도 있고, 말과 가마를 타고 산길을 오르다 산세가 험해지면 말과 가마에서 내려 걸어 올라가느라 쩔쩔 매던 이야기도 나와요. 어떤 이는 악기를 연주하는 악공을 데리고 산을 오르기도 했어요. 잠시 쉴 때 악공이 연주를 하면 음악에 맞추어 노래를 부르기도 하고, 술잔을 기울이면서 풍류를 즐기기도 했지요.

옛 사람들이 쓴 기행문이 특별한 이유는 또 있어요. 옛 사람들은 여행을 가면 사색을 하면서 자신을 돌아보는 시간을 자주 가졌어요. 인왕산에 오른 김상헌은 임진왜란 때 무너져 버린 경복궁을 보면서 기울어 가는 나라를 걱정했고, 허균은 법천사라는 절에 들러 가치 있는 인생이란 무엇인가에 대한 진지한 질문을 던지기도 했지요.

조식은 지리산을 오르면서 산을 오르는 일이 선을 쫓는 것만큼 힘든 일이고 내리막길을 내려오는 것이 악을 쫓는 것만큼 쉬운 일이라는 철학적 깨달음을 얻기도 했지요.

여행을 하면서 단순히 먹고 놀며 경치를 즐기기만 한 것이 아니라 여행을

통해 자신을 되돌아보고 마음과 생각을 다스린 거예요. 그리고 이러한 느낌과 생각을 고스란히 기행문 속에 담아 놓았고요. 그래서 옛 사람들의 기행문은 잔잔한 수필을 읽는 것 같은 느낌이 들기도 해요.

그렇다고 근엄하고 무거운 내용의 기행문만 있는 것은 아니에요. 우리가 생각하지도 못한 유쾌한 내용의 기행문도 있어요. 정약용은 비오는 날 세검정에서 벗들과 함께한 추억을 적었고, 이경전은 꽝꽝 언 노량강가에서 양반들이 신 나게 썰매를 탄 이야기를 적기도 했지요. 허훈은 예쁜 수석을 서로 차지하려고 다툼을 벌이는 벗들의 우스꽝스러운 모습을 글로 남기기도 했고요. 이러한 글을 읽노라면 늘 점잖게 팔자걸음으로 느릿느릿 걸어다녔을 것만 같던 옛 선비들의 또 다른 모습을 상상해 볼 수 있을 거예요.

각 기행문 말미에는 글쓴이에 대한 좀 더 자세한 설명과 내용 중에 나오는 가 볼 만한 곳을 소개하고 사진으로도 감상할 수 있게 했어요. 자, 그러면 지금부터 옛 사람들이 남긴 기행문의 첫 장을 열어 볼까요?

원영주

차례

머리말 …… 4

봄이 온 서울에 노닐다 _유득공의 〈춘성유기〉 …… 10

세검정에서 비 구경하던 날 _정약용의 〈유세검정기〉 …… 18

인왕산에서 인걸을 바라며 _김상헌의 〈유서산기〉 …… 26

푸른 학이 산다는 청학산에 오르면서 _이이의 〈유청학산기〉 …… 34

예순일곱 나이에 오른 관악산 _채제공의 〈유관악산기〉 …… 42

눈 오는 날, 노량 강에서 눈썰매를 타다 _이경전의 〈노호승설마기〉 …… 50

영종도 앞바다에 다녀와서 _김종수의 〈부해기〉 …… 58

하늘과 땅 사이를 메운 설악산 _정범조의 〈설악기〉 …… 66

법천사에서 인생을 생각하다 _허균의 〈유법천사기〉 …… 74

약이 되는 온양온천에 다녀와서 _조수삼의 〈온정기〉 …… 82

백제의 마지막 흔적을 찾아서 _이곡의 〈주행기〉…… 90

소백산에 오르면서 _이황의 〈유소백산록〉…… 98

신라의 유적이 가득한 청량산 _주세붕의 〈유청량산기〉…… 106

물도 맑고 돌도 예쁜 수정사에 다녀와서 _허훈의 〈유수정사기〉…… 114

열두 번째 두류산에 오르면서 _조식의 〈유두류록〉…… 122

보길도에서 선조의 숨결을 느끼다 _윤위의 〈보길도지〉…… 130

한라산에 올라 백록담을 보다 _최익현의 〈유한라산기〉…… 138

귀경대에서 만난 일출 _의유당 남씨의 〈관북유람일기〉 중 〈동명일기〉…… 148

단풍이 한창인 묘향산에서 _박제가의 〈묘향산소기〉…… 156

발연폭포에서 물썰매를 타다 _남효온의 〈유금강산기〉…… 164

유득공의 〈춘성유기〉
봄이 온 서울에 노닐다

유득공(柳得恭, 1749년~1807년)은 조선 후기 정조 때의 문신이다. 서얼 출신의 실학 사상가로, 박지원의 문하생이었고 실사구시의 한 방법으로 산업 진흥을 주장했다. 또한 《발해고》의 저자로 발해사를 한국사로 인식하기 시작한 역사가이기도 하다.

    1770년의 삼짇날. 그날은 유난히 봄볕이 좋았지. 나는 친하게 지내는 벗인 박지원과 이덕무를 불렀어.
    "이런 날 집 안에 틀어박혀 있으니 심심하지 않는가? 우리 꽃구경이라도 하러 가세."
    "허허허, 그거 좋은 생각이군."
    "역시 오랜 벗이라 마음도 척척 들어맞는군. 좋았어. 그렇다면 어디부터 가 볼까?"
    "너무 멀리는 가지 못하니 도성 안이나 휘 돌아보고 오세."
    "삼청전(삼청동) 터로 가세. 그곳에 가면 너른 밭이 있어 꽃도 들풀도 모두 볼 수 있으니까."

우리들은 삼청전 터로 발길을 옮겼어. 그곳에는 형형색색의 꽃들이 만개해 있었어. 우리는 양반 체면도 잊은 채 철퍼덕 주저앉아 꽃과 연둣빛 싹들을 구경했지. 그런데 어이쿠, 밭에 피어 있던 들꽃과 들풀 때문에 옷에 푸른 물이 들었지 뭐야?

자세히 땅바닥을 살펴보니 꽃들 옆에 이름 모를 여러 종류의 풀들이 솟아나 있었어.

"이곳에는 내가 처음 보는 풀들이 많군."

그러자 옆에 있던 이덕무가 껄껄 웃으면서 이렇게 말했어.

"내가 이 풀들에 대해 설명해 줄까?"

그러더니 풀 하나하나 짚어 가며 자세하게 알려 주지 뭔가? 이 친구, 모르는 것이 없는 만물박사더군. 박식한 벗 덕분에 자연 공부를 실컷 했지.

다음 날, 우리는 아침 일찍 남산에 올랐어. 산꼭대기에 서니 도성 주변에 있는 다른 산들의 모습이 어스름하게 눈에 들어왔어. 정면으로 보이는 백악산은 모자를 엎어 놓은 것처럼 보였어. 뾰족한 도봉산 봉우리는 어떻게 보면 화살처럼 보이고 또 어떻게 보면 필통에 꽂힌 붓처럼 보이기도 했지. 인왕산은 사람이 양손을 날개처럼 벌리고 있는 듯했어. 그중에서도 흥미로운 것은 삼각산의 모습이야. 키가 큰 사내가 자기 앞에서 놀고 있는 작은 사내들을 내려다보는 형상이었거든.

산 위에서 도성 아래를 내려다보니 도성의 모습도 한눈에 들어왔어. 도성 안을 가득 메운 8만 호의 집들이 보였어. 이곳에서 저마다 다르게 살아가는 사람들의 모습을 상상하니 절로 웃음이 나왔지.

완전히 날이 밝자, 우리는 경복궁 터로 향했어. 궁궐 남쪽에 있는 다리를 건너 북쪽으로 가니 근정전 터가 나왔어. 임금께서 생활하면서 나라의 일을 보던 곳이지. 근정전 건물은 임진왜란 때 불타 없어지고 그 앞에 있던 세 단으로 된 계단만 휑하니 남아 있었어.

계단의 모서리에는 개의 모습을 조각해 놓은 석상이 세워져 있었어. 경복궁을 지을 때 무학 대사가 남쪽에서 왜구들이 쳐들어오면 짖으라고 만들어 놓은 것이래. 자세히 보니 암컷은 새끼 한 마리를 안고 있더라고. 함께 온 이덕무가 덧붙여 말했어.

"어미가 죽으면 새끼가 대를 이어 궁궐을 지키라는 의미인 것 같군."

순간 슬픈 생각이 들었어. 조상들은 이토록 깊은 뜻을 담아 돌상까지 만들어 놓았건만 후손들은 끝내 왜구의 침략을 막지 못했으니까.

근정전을 돌아 연못 한가운데 홀로 서 있는 경회루 터로 가 보았어. 경회루에 가려면 연못을 건너가야 했지. 어찌할까 망설이고 있는데 다 부서지고 뼈대만 앙상하게 남은 다리가 눈에 들어왔어.

"이 다리를 건너도 괜찮을까?"

행여 다리가 무너지지는 않을까 염려되었지만 우리는 용기를 내 보기로 했어. 한걸음 내디딜 때마다 다리가 흔들리는 바람에 온몸에 식은땀이 줄줄 흘러내렸지.

간신히 경회루 터에 도착했어. 거기에는 화려했던 누각은 없어지고 누각을 받치고 있던 48개의 돌기둥만 남아 있었어. 그중 여덟 개는 그나마도 부서져 있었어. 바깥 기둥은 네모난 모양이고 안쪽 기둥은 둥근 모습이었어. 기둥에는 구름과 용의 모습을 새겨 놓았는데 그 모습이 정말 장관이더군.

그곳에서 연못을 내려다보고 있자니 어디선가 산들바람이 불어와 연못의 물결이 부드럽게 흔들렸어. 작은 붕어들이 꼬리를 흔들며 헤엄치고 다니는 모습이 평화롭게 느껴졌어.

연못의 동쪽에는 낚싯대를 드리워 놓고 낚시를 하는 이가 있었고, 서쪽에는 궁궐을 지키는 환관들이 활쏘기를 하고 있었어.

북쪽 담장 안쪽에는 천문대인 간의대가 있었어. 간의대는 꽤 높아서 위에 올라서면 북쪽 마을의 모습을 볼 수 있었지. 여기에서 담장을 따라 동쪽으로 가면 삼청동의 돌담이 나와. 돌로 만들어진 담장 안에는 소나무들이 심겨 있었는데 그 높이가 모두 열 길이 넘었지.

소나무 사이로 참새, 해오라기 같은 새들이 보였어. 흰색, 엷은 먹색, 연홍빛 등 고운 빛깔의 새들이 소나무 사이를 날아다니고 있었어. 어떤 놈은 머리에 띠를 두른 것처럼 보이기도 하고 어떤 놈은 부리가 둥글게 튀어나온 모습이더라고. 오, 꼬리가 비단처럼 반짝반짝 빛나는 놈도 보이는군. 높은 가지 위에서 알을 품고 있는 놈과 가지를 물어 둥지로 쏙 들어가는 놈도 보여.

소나무의 잎은 모두 말라 있는데 그 아래에는 새들의 깃털과 부화하고 남은 알 껍데기들이 수북이 쌓여 있었어.

순간 장난기가 발동했는지 함께 간 윤생이 새들을 향해 작은 돌멩

이를 던졌어. 작은 돌멩이는 새의 꼬리를 맞추었지. 순간 푸드덕 소리를 내면서 하늘로 날아올랐어.

　서남쪽으로 발걸음을 옮기니 채상대 비석이 나왔어. 1776년 임금이 직접 누에를 친 장소이기도 해. 북쪽으로는 방치된 연못이 보였는데 이곳은 궁궐에서 벼를 심던 곳이었다고 해.

　우리들은 위장소(조선시대 군대 조직인 오위의 군사들을 이끄는 상군들이 머무는 숙소)로 들어가 맑은 샘물로 목을 축였어.

　오랜만에 도성을 둘러보면서 봄의 정취를 흠뻑 맛본 나날들이었어.

🌸 좀 더 둘러보기

이 글은 조선 시대 실학자인 유득공이 따뜻한 봄날 벗들과 삼청동과 남산, 그리고 경복궁 터를 둘러보면서 쓴 글이다.

삼청동은 경복궁 북동쪽에 있는 동네로, 삼청동과 북촌 한옥마을, 그리고 그 밑의 안국동, 인사동은 서울 한복판에 있으면서도 우리 전통을 잃지 않은 곳이다. 한옥도 잘 보존되어 있고, 우리의 전통 음식과 옷, 장신구들을 파는 가게가 많이 있다.

삼청동에 매력을 느낀 예술가들이 하나둘 이곳에 둥지를 틀면서 다른 곳에서는 볼 수 없는 독특한 공방이나 화랑, 공연장이 계속 생겨나고 있다. 그러면서 서울 어디에서도 볼 수 없는 독특한 거리 문화가 만들어졌다.

옛날의 삼청동은 푸른 숲, 맑은 계곡물로 유명했다. 글공부에 지친 선비들이 머리를 식히기 위해 자주 찾던 곳이었다.

이 글에는 봄날 꽃들이 만발한 삼청동과 한양을 둘러싼 산의 모습이 자세하게 적혀 있다. 주목해서 읽어 봐야 할 부분은 경복궁을 묘사한 부분이다. 이 글에 나오는 경복궁은 지금 우리가 보는 경복궁이 아니라 임진왜란 때 불타 버린 뒤 폐허가 되어 버린 경복궁의 모습이다.

🌸 근처에 가 볼 만한 곳

북촌 한옥마을

북촌은 경복궁과 창덕궁 중간에 있던 동네인데, 당시 권세 있는 양반들은 거의 이곳에 모여 살았다고 한다. 지금의 가회동, 안국동, 삼청동, 계동 일대가 모두 북촌이었다. 북촌에는 조선 시대의 옛길과 전통 한옥이 그대로 보존되어 있다.

북촌 한옥마을

남산

서울의 가장 중심에 있는 산이다. 조선 시대 동서남북에 한양을 지켜 주는 네 개의 산이 있었는데, 이를 '진산'이라고 한다. 남산은 그중 남쪽에 있던 산이다. 지금도 남산은 서울을 상징하는 산으로 여겨진다. 산 정상에는 서울 타워가 있고 케이블카를 타면 남산 정상 곳곳을 구경할 수 있다.

경복궁

조선 시대 최초의 궁궐이자 최고의 궁궐이었다. 경복궁은 임진왜란 때 불타 버렸다가 고종 때 흥선 대원군이 복원했다. 그것을 일제 강점기 때 일본이 헐어 버리고 그 자리에 조선총독부를 세웠는데 나라에서 1990년부터 2009년까지 경복궁의 원래 모습을 찾기 위한 복원사업을 벌였다. 지금의 경복궁은 이때 복원된 것이다.

경복궁과 주변 모습

정약용의 〈유세검정기〉
세검정에서 비 구경하던 날

정약용(丁若鏞, 1762년~1836년)은 조선 정조 때의 문신이며, 실학자, 저술가, 시인, 철학자, 과학자, 공학자이다. 중농주의 실학자로 전제 개혁을 주장하며 조선 실학을 집대성했고, 수원 화성 건축 당시 도르래를 만들고 그것을 이용한 거중기를 고안해 건축에 많은 도움을 주었다.

    1791년 어느 여름날, 나는 친구들과 남부 명례방(지금의 명동)에서 담소를 나누고 있었다. 햇볕은 쨍쨍 내리쬐고 날은 후덥지근했다.
    "올 여름은 유난히 덥군."
    "이럴 때 비라도 시원하게 내려 주면 좋겠는데……."
    그런데 갑자기 내 혼잣말을 들었는지 저 멀리서 먹구름이 몰려왔다. 모두들 더위에 지쳐 있던 터라 하늘에서 시원한 빗줄기가 쏟아지기를 기다렸다. 그 순간 내 머릿속에 좋은 생각이 떠올랐다.
    "이보게들! 우리, 세검정에 가지 않겠나?"
    "아니, 곧 엄청난 비가 내릴 것 같은데 세검정에 가자고?"
    친구들은 놀란 얼굴로 나를 바라보았다. 곧 소나기가 쏟아질 것 같은데 세검정에 가자고 하는 내가 이상한 모양이었다.

"자네들은 비오는 날의 세검정 풍경이 얼마나 멋진 줄 아는가?"

"풍경이라고 해 봐야 비오는 모습 아니겠는가?"

친구들의 반응은 시큰둥했다.

이러한 반응도 무리는 아니다. 비가 내리면 대부분 사람들은 비를 맞아가면서 굳이 도성 밖으로 나가려 하지 않는다. 하지만 소나기 내리는 세검정은 세검정이 자랑하는 빼어난 경관이다. 폭포처럼 사납게 굽이치는 물살을 두 눈으로 직접 볼 수 있기 때문이다. 비가 그친 뒤에는 이러한 생생한 광경을 보기가 어렵다.

친구들이 머뭇거리자 나는 이렇게 말해 버렸다.

"만약 가지 않는 사람은 벌주 열 병을 마셔야 할 걸세!"

그러자 친구들이 날 바라보며 말했다.

"이 친구, 이렇게까지 말하는 것을 보니 어지간히 세검정에 가고 싶은 모양이군. 좋네, 우리 다 함께 세검정에 가서 비 구경이나 실컷 해 보세!"

"그렇게 풍광이 좋다니 자네 말을 한번 믿어 보지."

나와 친구들은 자리를 박차고 일어난 뒤 말에 올라 세검정으로 향했다. 창의문(자하문)을 지나자 하늘에서 빗방울이 조금씩 떨어지기 시작했다.

"비가 내리기 시작하니 서두르세!"

"이랴! 어서 가자."

우리들은 힘차게 말을 몰았다.

빗줄기는 점점 굵어졌다. 우리들이 세검정 계곡에 도착할 즈음에는 하늘에서 폭포 같은 빗줄기가 쏟아졌다. 계속된 빗줄기로 인해 계곡물은 이미 엄청나게 불어나 있었다. 계곡물은 거대한 파도를 일으키며 계곡 아래로 굽이치며 흘러내려 왔다.

그런데 정말 상상도 못한 놀라운 장면이 펼쳐졌다. 흰 포말을 일으키며 계곡 아래로 마구 내달리던 계곡물이 어느 순간 위로 확 솟구쳤다. 그 광경은 마치 고래의 등줄기에서 물이 뿜어져 나오는 것 같이 세찼다.

"저것을 좀 보게! 물줄기가 하늘로 솟아올라!"

난생처음 보는 광경에 우리는 입이 떡 벌어졌다.

우리들은 빗방울에 옷이 젖는 줄도 모르고 넋이 나간 채 이 장면을 바라보았다.

"어서 정자로 올라가세!"

우리들은 세검정으로 뛰어 올라가 자리를 펴고 앉았다. 이미 푹 젖어 버린 소맷자락에서는 물이 줄줄 흘러내렸다.

"물줄기가 하늘로 솟구치다니……. 정말 처음 보는 희한한 광경일세."

"그러게 말이야."

친구들은 방금 눈으로 보고도 믿지 못하겠다는 듯이 고개를 절레절레 흔들었다.

"어때, 이만하면 좋은 구경이지 않는가? 내 말 듣고 따라오길 잘했지?"

내가 으쓱거리면서 말하자, "허허허, 그래 다 자네 덕분일세."라며 친구들도 웃음으로 대답해 주었다.

그런데 어디선가 찬바람이 불어왔다. 바람이 어찌나 세던지 정자 주변의 나무들이 심하게 흔들렸다. 시간이 흐르면서 빗줄기는 점점 거세졌다. 그러다가 갑자기 계곡물이 한꺼번에 쏟아져 내려왔다. 불어난 물줄기는 눈 깜짝할 사이에 계곡을 메워 버리고 사납게 출렁이면서 세검정의 주춧돌을 할퀴고 지나갔다. 그 힘이 어찌나 세던지 정자까지 흔들렸다.

순간 우리들은 오들오들 떨었다.

"이거, 비 구경 하다가 모두 황천길 가는 거 아닌가?"

"설마 이 정자가 무너지는 것은 아니겠지?"

어떤 친구들은 벌벌 떨면서 두려워하였다. 반면 호기롭게 흥을 돋우는 이도 있었다.

"뭐 이 정도로 겁내 하는가? 어서 잔칫상을 펴세!"

"그래, 여기서 비 구경하는 것도 색다른 경험일 테니 우선 경치나 즐겨 보세."

우리들은 술과 안주를 내오라고 했다.

세차게 쏟아지는 빗줄기를 바라보면서 탁주 한 사발을 마시니 가슴속까지 시원해지는 것 같았다. 우리들은 한참 동안 술과 안주를 주고받으며 즐겁게 놀았다.

시간이 얼마나 흘렀을까? 어느덧 비가 그치고 구름이 걷히면서 파란 하늘이 모습을 드러냈다. 그제야 무섭게 흘러내려 오던 계곡의 물줄기도 잦아들었다.

어느덧 해가 뉘엿뉘엿 저물었고, 온 세상은 붉게 물들어 갔다. 나무도, 숲도, 거리도 모두 붉은 옷을 입은 것 같았다.

"다시는 못 볼 광경이로군."

우리들은 노을 진 한양을 바라보면서 시를 읊조렸다.

뒤늦게 심화오라는 친구가 우리를 찾아와 술자리는 더욱더 무르익었다. 그날 우리들은 세검정에서 늦도록 술을 마시고 집으로 돌아왔다. 홍약여, 이휘조, 윤무구도 함께한 자리였다.

🌺 좀 더 둘러보기

이 글을 쓴 다산 정약용은 우리나라 최고의 실학자이면서 개혁가이다. 이 글은 그가 30대 초반에 지은 기행문으로, 비 오는 날 벗들과 세검정에서 놀았던 일을 적고 있다. 이 글 속에는 비 오는 날의 세검정 풍광이 아주 사실적으로 나타나 있다.

세검정은 종로구 신영동에 있는 정자이다. 이곳에는 옛날부터 많은 사람들의 발길이 끊이지 않았다. 세검정에 앉아 주변의 산봉우리들을 병풍 삼아 홍제천의 맑은 계곡물을 바라보면서 풍류를 즐기는 사람들이 많았다.

그렇다면 정자의 이름을 왜 세검정이라고 지었을까? 세검정에는 가슴 아픈 역사가 담겨 있다. 광해군 시절 광해군의 정책에 반대를 하는 신하들이 이곳에 모여 광해군을 왕위에서 끌어내릴 계획을 세우고 칼을 씻었다고 한다. 그래서 씻을 '세(洗)' 칼 '검(劍)'을 써서 '세검정(洗劍亭)'이라는 이름을 붙였다. 원래의 정자는 1941년 화재로 타 버렸고 지금 우리들이 볼 수 있는 정자는 1977년 옛 모습대로 다시 지은 것이다.

세검정

근처에 가 볼 만한 곳

창의문(자하문)

조선 시대에는 한양을 보호하기 위해 쌓은 성곽에 네 개의 큰문(사대문)과 네 개의 작은문(사소문)을 만들어 사람이 드나드는 것을 감독하게 했다. 사대문은 흥인지문(동쪽 대문), 돈의문(서쪽 대문), 숭례문(남쪽 대문), 숙정문(혹은 소지문, 북쪽 대문)이었고 사대문 사이에 혜화문, 창의문, 광희문, 소의문의 사소문을 만들었다. 창의문은 서울 종로구에 있는 사소문으로 자하문이라고도 한다. 1396년 도성에 세운 8개의 문 중 하나로 세워졌다. 하지만 창의문의 위치가 경복궁을 누르는 위치에 있다고 해서 1413년부터는 사용하지 않았다. 다만 나라에 급한 일이 있는 경우에만 성문을 열었다. 한동안 일반인의 출입이 금지되었다가 1506년에 다시 개방되었다. 이후 광해군을 쫓아낸 반군들이 이 문을 부수고 궁궐로 들어가 인조반정을 성공시켰다.

자하문

석파정

종로구 부암동에 있는 흥선 대원군의 별장이다. 이 별장을 지은 사람은 철종 때 영의정을 지냈던 김흥근이다. 이후 고종이 왕위에 오르고 흥선 대원군이 정권을 잡자 그의 별장으로 사용되었다. 별장앞에 있는 산이 모두 바위로 이루어져 있어 대원군이 '석파정'이라는 이름을 붙였다고 한다.

김상헌의 〈유서산기〉
인왕산에서 인걸을 바라며

김상헌(金尙憲, 1570년~1652년)은 조선 중기의 문신, 학자이다. 병자, 정묘호란 때 명나라와의 관계를 중요시하여 청나라의 화친 제안을 반대한 척화대신으로 이름이 높았다. 청나라에 압송되어 가면서 조국의 산천을 돌아보며 남긴 시조가 유명하다.

1614년 가을, 어머니께서 눈병에 걸리셨어. 어머니의 눈병은 몇 날 며칠이 지나도 쉽게 낫지 않았지. 그때 누군가 이런 말을 해 주더라고.

"서산(인왕산)에 있는 물로 눈을 씻으면 금세 낫는다던데요?"

"인왕산?"

인왕산은 우리 집 바로 뒤편에 있는 산이야. 하지만 나는 그때까지 한 번도 인왕산에 오른 적이 없었지.

'어머니께 드릴 샘물도 떠 올 겸 이참에 인왕산이나 올라 봐야지.'

나는 친구들과 함께 인왕산에 오르기로 했어.

인왕산 길은 잠시도 눈을 뗄 수 없을 정도로 굉장히 멋졌어. 깎아지른 듯한 절벽, 졸졸 흐르는 샘물, 푸른 숲길 들을 구경하느라 가는 길을 여러 번 멈춰야 했어.

'이야, 이렇게 좋은 산이 가까이 있다는 것을 몰랐다니…….'

나는 이렇게 멋진 산을 지척에 두고도 한 번도 오르지 않은 내가 한심하다는 생각이 들었어.

산길은 생각보다 험했어. 우리들은 두 번이나 휴식을 취한 뒤에야 간신히 샘물이 흘러나오는 곳에 도착했지. 샘물은 바위 밑의 작은 틈에서 졸졸 흘러나오고 있었어. 보기에는 평범한 샘물 같았어.

내가 바가지를 들고 먼저 샘물 맛을 보았어. 땀을 뻘뻘 흘리면서 산에 오른 뒤 마시는 샘물은 꿀처럼 달콤했어.

"아, 시원하다."

"어떤가, 몸에 좋은 약물 같은가?"

함께 온 친구가 물었어.

"글쎄……. 물에서 단맛이 나기는 하는데, 나는 잘 모르겠네."

그래도 눈병에 효험이 있다니 얼른 어머니께 드리고 싶은 마음에 나는 가지고 온 통에 샘물을 받았어.

통에 샘물을 다 받은 다음 샘물 주변을 둘러보았어. 그런데 숲속 바위 곳곳에 종잇조각들이 붙어 있었어.

"어, 저게 뭐지?"

가까이 가서 보니 종이돈이었어.

"아니, 누가 여기에 종이돈을 붙여 놓은 거야?"

"인왕산에서 유명한 무당들이 기도를 많이 드린다던데, 바로 이곳인가 보군."

나는 바위 앞에서 무당들이 정화수를 떠 놓고 신들에게 기도를 올리는 모습을 상상해 보았어. 갑자기 신의 기운이 느껴져 머리카락이 쭈뼛 서는 것 같았지.
"그만 가세. 어쩐지 으스스한 기분이 드는걸."
이 주변이 인왕산 터야. 우리들은 빗물로 패여 있는 산길에서 오래된 기와를 발견했어. 아마도 인왕산 지붕을 얹었던 기와였을 거야. 인왕산 터는 완전히 폐허가 되어 아무것도 알아볼 수가 없었어.

인왕산은 바위로 이루어진 돌산이지. 누군가 정성을 다해 조각을 해 놓은 것처럼 바위들의 모양이 일품이었어. 어떻게 보면 방패들을 세워 놓은 것 같기도 하고, 어떻게 보면 갑옷 여러 개가 포개어져 있는 것 같기도 했어.
"신의 조각 솜씨가 가히 일품이로세."
내 입에서 절로 감탄사가 튀어나왔어.
골짜기에서는 맑은 물이 돌에 부딪치면서 흘러내려 가는데 그 모습이 여러 개의 옥구슬들이 서로 부딪치는 것같이 영롱하고 아름다웠어.

"경관 하나는 도성 안에서 제일이로군."

"그런데 이상하군. 왜 인왕산에는 큰 나무들이 없는 거지?"

그러고 보니 한 길 이상 되는 큰 나무들은 눈에 보이지 않았어.

"함부로 나무를 베어 가지 못하게 되어 있는데……. 법을 지키는 사람이 아무도 없구나."

입에서 긴 한숨이 나왔어.

아쉬움을 뒤로하고 남쪽의 봉우리에 오르니 도성의 모습이 한눈에 들어왔어. 도성 안에는 집들이 빼곡하게 들어서 있었어.

저 멀리 무너져 버린 경복궁이 보였어. 전각들은 무성한 잡초에 묻히고 경회루 앞 연못의 연꽃만이 바람에 흔들리고 있었지.

내가 나지막하게 말했어.

"나라는 점점 기울어져 가고 있는데, 이 나라를 일으킬 인재가 보이지 않는구나."

"임금님에게 바른말을 해 줄 충신이 없으니 정말 큰일이로세."

곁에 있던 친구의 얼굴도 어두워졌지.

조선의 미래가 걱정된 우리들은 한동안 말없이 무너져 버린 경복궁만 바라보았어.

동쪽으로 고개를 돌리니 흥인문과 그 앞에 펼쳐진 종로의 큰길이 눈에 들어왔어. 이곳은 큰 상점들이 몰려 있는, 한양에서 가장 번화하고 복잡한 거리야. 좌우로 길게 늘어선 상점들 사이로 바쁘게 오가는 사람들의 모습이 눈에 들어왔어. 짐을 잔뜩 실은 수레를 몰고 다니는 이, 말을 타고 오가는 이, 물건을 파는 이……, 모두 정신없이 바빠 보였지.

산을 내려오면서 내가 말했어.

"다음번에는 어머니, 동생과 함께 오르고 싶군. 허나 사람의 일을 어찌 장담할 수 있겠는가……"

그러자 친구가 대답했어.

"그래도 오늘의 산행은 즐겁지 않았는가. 그것으로도 충분한 듯싶으이."

그 말도 맞는 말 같았어. 언젠가 또 인왕산에 오르리라 생각하면서 나는 집으로 가는 발걸음을 재촉했어.

🌸 좀 더 둘러보기

이 글은 조선 중기의 문신이자 유학자인 김상헌이 인왕산에 오르면서 쓴 글이다. 이 글에는 인왕산 바위의 아름답고 다채로운 모습, 산 위에서 바라보는 도성과 종로 앞길의 모습 등이 자세하게 묘사되어 있다.

김상헌은 정묘호란과 병자호란을 겪은 사람으로 병자호란 이후 청나라에 끌려갔다가 소현세자와 함께 다시 조선으로 돌아왔다. 청나라에 끌려가면서 이런 시조를 지었다.

> 가노라 삼각산아, 다시 보자 한강수야
> 고국산천을 떠나고자 하랴마는
> 시절이 하 수상하니
> 올 동 말 동 하여라 —《청구영언》

그 당시 조선은 이미 많이 쇠퇴해 가고 있었다. 이 글에는 인왕산에 올라 기울어 가는 나라 걱정을 하던 김상헌의 생각이 담겨 있다.

🌸 근처에 가 볼 만한 곳

인왕산
종로와 홍제동 사이에 있는 산이다. 한양의 서쪽을 지키는 진산으로 산 전체가 화강암으로 되어 있다. 산 곳곳에 약수터가 있고 경치가 아름다워 많은 사람들이 찾던 곳이었다고 한다. 또 인왕산에는 호랑이가 많았는데, 궁궐 후원까지 내려와 피해를

정선의 인왕제색도

입히는 바람에 조정에서는 군대를 출동시켜 호랑이를 잡았다고 한다. 인왕산은 많은 산 중에서 특히 경치가 아름다워서 많은 화가들의 그림 소재였는데, 그중 가장 유명한 것이 정선의 '인왕제색도'이다.

인왕산 국사당
인왕산 기슭에 가면 여러 신들을 모시는 당집이 있다. 그곳을 '국사당'이라고 하는데, 무속인들이 기도를 드리고 굿판을 벌이는 곳이다. 국사당은 원래 남산에 있었다. 태조 이성계가 북악산과 남쪽의 남산에 한양을 지키는 신을 모시는 사당을 만들었기 때문이다. 그것을 일제 강점기 때 일본 사람들이 인왕산으로 옮겨 왔다.

사직단
인왕산 근처에 있다. 사직은 토지와 곡식을 의미하며, 사직단은 사직에게 제사를 지내는 곳이다. 농경 사회였던 조선 시대에는 사직이 중요했다. 그래서 사직단에 제사를 지내는 일은 굉장히 중요한 일이었다.

사직단

이이의 〈유청학산기〉
푸른 학이 산다는 청학산에 오르면서

이이(李珥, 1536년~1584년)는 조선시대의 문신으로, 성리학자, 정치가, 사상가, 교육자, 작가, 시인이다. 그는 어머니 사임당 신 씨의 교육에 영향을 많이 받았다. 서경덕의 학설을 이어받아 주기론을 발전시켜 이황의 주리적(主理的) 이기설과 대립했다.

1569년 어느 날, 강릉 외갓집에서 마을 사람들과 이야기를 나누다가 귀를 쫑긋했다. 강릉 지역은 강이나 바다만 유명한 줄 알았는데 오대산 자락에 푸른빛을 띤 학이 살고 있는 곳이 있다는 이야기를 들었으니 말이다.

그런 곳이 있다면 내가 가 보지 않을 수 없었다. 나는 박대유라는 사람과 함께 청학이 살고 있다는 산에 오르기로 했다. 내 아우인 이위와 근처에 살고 있는 외삼촌, 또 다른 벗인 장중린도 우리와 합류하기로 했다.

우리들은 아침 일찍 청학산을 향해 길을 떠났다. 백운천을 지나 토곡 입구에 도착하자 숲이 울창하게 우거져 그늘을 만들어 주고 있었다. 계곡 위쪽에 넓은 언덕이 펼쳐져 있어서 우리는 잠시 이곳에서 쉬기로 했다.

바위에 걸터앉아 물속에서 노니는 물고기들을 보고 있는데 저쪽에서 말을 탄 박대유가 나타났다. 일행이 다 모이자 근처에서 밥을 지어 먹고 다시 길을 떠났다. 가는 길에 운 좋게도 산을 관리하는 사람을 만나 길 안내를 받을 수 있었다.

우리는 관리인의 도움을 받아 쉽게 산길을 올랐고, 잠시 후 곡연에 도착했다. 곡연은 절벽이 갈라진 곳에서 거센 물이 쏟아져 내려와 만들어진 큰 연못이었다. 검푸른 물빛을 쳐다보고 있노라니 순간 등골이 오싹해졌다. 여기에서 30리 정도를 더 가니 높은 고개가 나타났다. 길바닥에 수많은 돌멩이들이 흩어져 있었는데, 돌멩이마다 모양새가 독특했다.

고개 밑에는 사방 3~4리 쯤 되는 들판이 펼쳐져 있었다. 들판에는 커다란 나무들이 무성하게 자라 있었고 무성한 나무들 한 가운데 덩그마니 초가집 한 채만 들어서 있었는데, 그 모습이 굉장히 쓸쓸해 보였다.

'저곳은 산속에 묻혀 홀로 사는 사람의 집 같구나.'

나도 세속을 떠나 이러한 곳에 살아 보고 싶다는 생각을 잠깐 했다.

다시 5리 정도를 걸어가니 절이 하나 나왔다. 늙은 스님이 숲 사이의 작은 길로 얼마쯤 걸어가면 아주 아름다운 곳이 있다고 알려 주었다. 스님을 따라가 보니 시퍼런 낭떠러지가 보였다. 그 위에서 거대한 폭포 줄기가 흰 눈발이 날리는 것처럼 쏟아져 내려왔다. 우리들은 해가 져

어둠이 깔릴 때까지 그곳을 벗어나지 못했다. 저녁에 절로 돌아온 나는 아까 본 연못을 '창운(漲雲, 물이 구름처럼 불어나 있는 곳)'이라 이름 붙였다.

다음 날은 이곳 지리에 밝은 지정 스님과 함께 길을 떠났다. 오늘의 산길은 어제의 산길과는 완전히 달랐다. 잡초와 낙엽이 수북하게 뒤덮여 있어 길을 제대로 찾을 수 없었기 때문에 계곡의 돌을 딛고 가야만 했다. 모두들 넘어지지 않기 위해 바닥만 보면서 조심조심 한걸음씩 내딛었다. 그렇게 걸어가다 보니 구름에 휩싸인 바위가 어느새 눈에 들어왔다.

우리들을 안내한 관리인이 말했다.

"이 바위가 관음천의 제1암입니다. 이 봉우리 끝에서 길이 끊기고 푸른 벼랑이 나옵니다. 길이 험해 위험하지만 벼랑 끝을 따라 내려가면 깊은 연못을 볼 수 있지요."

관리인 말대로 벼랑 끝을 따라가는 길은 무척 험했다. 나는 숨을 헐떡거리면서 힘겹게 걸어가는데 박대유는 앞장서서 빠르게 걸어갔다.

간신히 벼랑 아래까지 내려가니 눈앞에 놀라운 풍경이 펼쳐졌다. 사방에 바위로 된 석산이 솟아 있는데 큰 잣나무와 키 작은 소나무가 그틈에서 자라고 있었고, 가운데로는 폭포가 흘러내리고 있었다. 폭포 아래의 연못은 거울처럼 투명하게 빛났다. 연못은 깊고 맑고 아름답고 푸르렀다. 연못에서 흘러나온 계곡물이 구비를 돌 때마다 시시각각 변하는 암석 모양은 그야말로 환상적이었다. 수풀이 우거져 그늘이 깊게 드리워진 계곡은 마치 저녁처럼 컴컴하고 어두웠다.

우리들은 평평하고 좋은 바위를 골라 앉았다. 그리고 가져온 술과 음식을 펴 술자리를 마련했다. 깊은 숲 속에서 들이키는 한 잔의 술은 꿀맛이었다.

바위에 앉아 서쪽에 있는 봉우리를 보니 모양이 아주 특이하게 생겼다. 나는 봉우리에 '촉운봉(矗雲峯, 구름이 우거진 듯한 모습의 봉우리)'이라는 이름을 붙여 주었다. 우리가 술을 먹고 있는 이 바위의 원래 이름은 '식당암(食堂巖)'이었는데 이것을 '비선암(秘仙巖, 신선이 노니는 신비스러운 바위)'이라고 고쳐 부르고 바위 아래의 연못에는 '경담(鏡潭, 거울 같은 깊은 연못)'이라는 이름을 붙여 주었다.

그리고 나서 찬찬히 산을 둘러보았다. 이곳은 진정 푸른 학이 살 것 같은 곳이었다.

"산봉우리가 마치 학이 날개를 편 모양처럼 보이는군. 이제부터 이 산을 '청학산(靑鶴山, 푸른 학이 사는 산)'이라 불러야겠네. 그리고 이 일대는 천유동이라고 부를 걸세."

"청학산이라……. 이 산과 딱 맞춤인 이름입니다."

모두들 내 말에 동의한 모양이었다.

"그러면 학이 사는 보금자리로 슬슬 가 볼까?"

우리의 원래 목적은 이곳에 사는 푸른 학을 보는 것이었으니까. 우리는 학을 보기 위해 자리에서 일어나 길을 떠났다. 그런데 얼마 안 가 문제가 생겼다. 산길이 너무 험한 데다 날까지 흐려져 비가 올 것 같아 계속 전진할 수 없었기 때문이었다.

"더 이상 산행은 무리일 것 같습니다. 오늘은 여기서 돌아가시는 것

이 좋겠습니다."

우리를 안내한 관리인도, 지정 스님도 이렇게 말했다.

아쉬운 마음이 들었지만 할 수 없는 일이었다. 산길을 내려가면서 나는 계속 뒤를 돌아다보았다.

"이번에는 여기서 그만두지만 언젠가는 다시 올라와 보세나."

"그럽시다."

나와 박대유는 손가락을 걸고 약속을 했다. 언젠가는 이 약속을 꼭 지키리라 생각했다.

산을 내려와 토곡에 이르니 권근중이라는 친구가 술을 가지고 기다리고 있었다.

바위 옆에는 한 길 가량 되는 폭포가 있었다. 우리는 폭포 옆 바위에 걸터앉았다. 나는 이 바위를 '술 취한 신선이 머무는 바위'라는 뜻으로 '취선암(醉仙岩)'이라 이름 붙였다. 저녁이 되자 외삼촌의 정자로 다시 돌아왔다.

🌸 좀 더 둘러보기

이 글은 조선을 대표하는 성리학자이자 정치가이며, 유명한 사임당 신 씨의 아들인 율곡 이이가 쓴 글이다. 이이는 아홉 번 과거에 응시해 모두 장원을 차지할 정도로 뛰어난 문장 실력을 가진 학자였다. 퇴계 이황과 더불어 조선 성리학의 큰 기둥이었고, 임진왜란이 일어나기 전에 나라를 스스로 지키기 위해서는 십만 군대를 길러야 한다는 '십만 양병설'을 주장하는 등 현실 정치에 있어서도 뛰어난 능력을 발휘한 정치가이기도 했다.

이이는 1569년 잠시 벼슬을 접고 고향집에 머무르던 중 청학산의 이야기를 듣고 지인들과 함께 2박 3일 동안 청학산에 오른 뒤 이 기행문을 썼다. 이 글로 인해 청학산은 세상 사람들에게 처음으로 알려졌다.

이 글에는 청학산의 경관에 감탄한 이이가 산에 '청학산'이라는 이름을 붙여 주고 바위와 연못에도 이름을 붙여준 내용이 나온다. 어떤 바위, 봉우리에 이이가 이름을 붙였는지 알아보는 것도 이 기행문을 읽는 재미 중 하나이다.

🌸 근처에 가 볼 만한 곳

청학산(소금강)

청학산은 강원도 강릉시 연곡면 삼산리에 있는 산으로 오대산 동쪽 기슭에 있다. 산의 모습이 학이 날개를 펴고 있는 모습 같다고 해서 붙은 이름이다. 청학산은 맑은 폭포와 수려한 바위들로 절경을 이루고 있다. 이곳에서 수련을 하던 이이가 이 모습이 금강산 같다 해서 '소금강'이라는 이름을 붙이기도 했다.

아미산성

청학산 남동쪽에 있는 산성이다. 구룡폭포 왼쪽의 산기슭을 따라 돌로 쌓은 성으로, 동쪽 성벽은 남·서쪽으로 뻗은 산기슭을 따라 약 400미터가 남아 있다. 성 안에는 건물 터로 추정되는 평탄한 땅이 여러 곳 보인다.

구룡폭포

이이의 글 속에도 폭포 이야기가 많이 나온다. 청학산 계곡에는 크고 작은 폭포 9개가 3킬로미터에 걸쳐 줄지어 있다. 구룡폭포는 구룡연에서 나온 아홉 마리 용이 폭포 하나씩을 차지한 것 같다고 해서 붙은 이름이다. 구룡연은 아홉 마리의 용이 살다가 하늘로 올라갔다는 전설 속의 호수이다. 이름처럼 물 떨어지는 소리가 장엄하다.

식당암

이이가 비선암이라 고쳐 부른 식당암이다. 약 100여 평 넓이의 화강암으로 이루어진 이 바위에서 술을 마시면서 청학산의 풍경을 즐겼다고 한다. 또 신라가 망해 고려에게 넘어가려 하자, 신라의 마지막 태자였던 마의태자가 군사들을 데리고 훈련을 시키면서 이곳에서 밥을 지어 먹였다는 이야기도 전해지고 있다.

식당암

채제공의 〈유관악산기〉
예순일곱 나이에 오른 관악산

채제공(蔡濟恭, 1720년~1799년)은 조선 후기의 문신이다. 남인의 우두머리로 정조의 최측근 인사 중 한 사람이며, 정약용, 이가환 등의 정치적 후견자였다. 이황·정구·허목·이익으로 이어지는 학통을 적통이라고 여겨, 양명학·불교·도교·민간신앙 등을 이단이라고 비판하기도 했다.

    1786년 봄, 나는 노량진 강가에 머물고 있었어. 툇마루에 걸터앉아 있으면 눈앞에 푸른 관악산의 모습이 보여. 관악산을 볼 때마다 여든 셋의 나이에 관악산에 올랐다는 허목 선생이 생각났어. 걸음걸이가 어찌나 날래던지 마치 하늘을 나는 것 같아 사람들이 그를 신선이라고 불렀대.
    '여든 살의 노인도 관악산에 올랐는데, 나는 이제 겨우 예순일곱 살. 허목에 비하면 나는 아직 청춘 아닌가! 나도 언젠가는 관악산에 오르고 말리라.'
    그러던 중 이웃에 사는 이숙현과 뜻이 맞아 관악산에 가게 되었어. 우리들은 아이들과 네댓 명의 종을 데리고 말을 타고 길을 나섰어.

약 10리 정도 가자 자하동의 정자가 보였지. 우리들은 이곳에서 잠시 쉬었다 가기로 했어.

정자가 있는 곳은 경치가 아주 좋았어. 산골짜기에서 흘러나온 계곡물이 정자 아래의 바위에 부딪혀 포말을 일으키며 공기 중으로 날아갔어. 골짜기를 따라 넘실넘실 흘러가는 푸른 물은 마치 비단을 풀어 놓은 것 같았지. 바람이 불 때마다 언덕 위에 피어 있는 철쭉의 향기가 퍼져 나와 나의 코끝을 간질였어.

한숨 돌린 우리들은 다시 길을 재촉했어. 얼마를 더 갔을까? 길이 너무 험해 말을 타고 갈 수가 없게 되자, 나는 말과 마부를 집으로 돌려보낸 뒤 지팡이를 짚고 넝쿨을 붙잡으면서 천천히 골짜기를 지나갔어.

그런데 갑자기 앞에서 길을 안내하던 사람이 당황하는 목소리가 들려왔어.

"어? 이제 어디로 가야 하지?"

아마도 길을 잃어버린 모양이야. 우리들은 모두 어쩔 줄 몰라 당황했어. 길을 잃은 채 해가 지고 어두워지면 정말 큰일이거든. 모두들 허둥대고 있는데 이숙현이 어디론가 날쌔게 뛰어가더라고.

"이보게, 숙현! 어디 가는가?"

내가 불렀지만 이숙현은 대답도 하지 않은 채 달리기만 했어.

순간 그런 이숙현이 야속하게 느껴졌어. 우리만 남겨 두고 자기만 살자고 뛰어가는 것처럼 보였거든. 하지만 이것은 나의 오해였어. 얼마 지나지 않아 이숙현이 네댓 명의 스님들과 함께 돌아왔거든.

"대체 어떻게 된 일인가?"

내가 깜짝 놀라 묻자 이숙현은 이렇게 대답했어.

"저 멀리 절의 불빛이 보여 급한 마음에 얼른 다녀왔습니다. 헉헉."

그 모습을 본 우리들도 피식 웃고 말았어. 스님들은 우리들을 불성암이라는 절로 안내했어. 불성암은 세 봉우리가 병풍처럼 서 있는 곳에 세워진 암자였어. 불성암에서 산 아래를 내려다보니 천 리 앞까지 훤히 보이더라고.

이곳에서 하룻밤을 묵고 다음 날 서둘러 연주대로 떠나기로 했어. 연주대는 관악산의 가장 높은 봉우리인 연주봉에 있는 절이야. 그때 주지 스님이 건장한 스님 몇 명을 안내자로 따라가게 했어.

스님들이 말했어.

"연주대로 가는 길은 매우 험해 나무꾼이나 건강한 사람들도 쉽게 가지 못합니다. 가다가 지치시지는 않을지 걱정이 되는군요."

그 말에 내가 대답했지.

"모든 것은 사람의 마음에 달린 일이오. 내가 비록 몸은 허약하지만 마음만은 장수처럼 건강하니 너무 염려하지 마시오."

겉으로는 위풍당당하게 말했지만 속으로는 약간 겁이 나기도 했어.

연주대로 가는 길은 말 그대로 쉽지 않았어. 갑자기 가파른 절벽이

눈앞에 나타나는가 하면 길이 툭 끊어져 버려 어디로 가야 할지 몰라 우왕좌왕 헤매기도 했어.

우리들은 조심조심 발걸음을 옮겼어. 한 발자국이라도 잘못 디디면 천 길 낭떠러지 아래로 떨어질 수 있기 때문에 절벽에 바싹 붙어 조심스럽게 한걸음씩 앞으로 나아갔어. 가다가 뾰족한 부분에 고쟁이가 걸려 찢어지기도 했지만 지체할 틈이 없었어. 이렇게 절벽을 지나고 나서야 연주대 아래에 도착했지.

해 뜨기 전에 출발했지만 이미 시간은 정오를 훌쩍 넘긴 후였어. 연주대로 올라가려면 또다시 절벽을 올라가야 해. 숨을 헐떡거리며 연주대 정상을 올려다보니 우리보다 먼저 올라간 사람들이 허리를 굽혀 아래를 내려다보고 있더라고. 아이고, 나는 저들이 절벽 아래로 떨어질까 염려되어 제대로 올려다보지도 못한 채 벌벌 떨고만 있었지.

'후유, 기운이 다 떨어져 버렸구나. 내가 과연 저 위까지 올라갈 수 있을까?'

하지만 여기서 멈출 수는 없는 법. 어떻게 해서든지 정상까지 가야 했기에 나는 거의 기다시피 하면서 절벽을 올라가 연주대 정상에 섰어.

정상에는 수십 명이 앉아도 충분할 만큼 넓은 바위가 있었어. 옛날 양녕대군이 왕위를 피해 관악산에서 살 때 이곳에서 궁궐을 바라보았다고 하지. 이때 햇볕이 너무 뜨거워 차일(햇볕을 가려 주는 장막)을 치고 앉았다고 이 바위를 '차일암'이라고 부르게 되었어.

구름에 닿을 듯 높이 솟아 있는 연주대 위에서 세상을 내려다보았어. 헤아릴 수 없이 많은 봉우리들과 한양의 모습이 눈에 들어왔어.

저 멀리 소나무와 전나무가 빼곡하게 들어선 경복궁 터가 보였어. 수백 년 전 양녕대군이 이곳에서 경복궁을 바라보며 아버지를 그리워하지 않았을까? 왠지 그의 마음을 조금이나마 이해할 수 있을 것 같더군.

내가 숙현에게 말했어.

"허목 어른이 이 산을 올랐을 때보다 난 열 살하고도 여섯 살이나 어린데, 허목 어른은 걸음걸이가 날아갈 듯 했다고 하나 나는 기력이 다 해 숨이 차고 괴로우니 참……. 학문과 글 솜씨가 옛사람과 같지 못한 것이 이상할 것이 없지만 왜 근력까지 옛 사람에게 미치지 못하는지……. 내가 만약 여든셋까지 살게 된다면 남에게 업혀 오는 한이 있더라도 반드시 연주대에 다시 올라 옛 사람들의 발자취를 이을 것이오. 그러니 그대는 이를 기억하도록 하시오."

가만히 내 말을 듣고 있던 숙현이 말했지.

"그때 저도 따라 오겠습니다. 그땐 아마 제 나이도 예순다섯은 될걸요? 껄껄껄!"

우리들은 마주보고 크게 웃고는 산행을 마쳤어.

🌸 좀 더 둘러보기

이 글은 조선 정조 때 재상을 지냈던 채제공이 관악산에 오른 감상을 적은 글이다.

관악산은 서울의 남쪽을 지키는 산으로, 개성의 송악산, 파주의 감악산, 포천의 운악산, 가평의 화악산과 더불어 경기 5악에 속했다. '경기 5악'이란 경기도에서 가장 빼어난 산세를 가진 5개의 산을 부르는 말이다. 우리 조상들은 관악산을 신들이 사는 신령한 산이라고 생각했다. 그래서 몸과 마음을 닦으러 관악산에 오르곤 했다.

이 글을 쓸 당시 채제공은 관직에서 물러나 있던 상태였는데 관악산 연주대에 올라서서 경복궁 터를 바라보며 임금을 향한 그리움을 토해 내기도 했다. 채제공은 관악산 유람을 한 다음 해 우의정이 되었고 그 이듬해 좌의정이 되었다. 그리고 1793년에는 영의정 자리에 올라 정조의 개혁 정책을 가장 가까이에서 도맡아 실행했다. 특히 1794년 수원 화성을 짓기 시작하자 이 일을 맡아서 했다.

🌸 근처에 가 볼 만한 곳

관악산

서울의 관악구와 경기도 안양, 과천에 걸쳐 있는 산으로 높이는 629미터이다. 관악산은 검붉은 바위로 이루어져 있는데 산의 꼭대기는 마치 갓을 세워 놓은 것 같은 모습을 하고 있어서 갓 '관(官)' 큰 산 '악(岳)'을 써서 '관악산'이라고 불렀다.

관악산에는 특이한 모습의 바위와 오래된 나무들이 많고 이들이 어우러져 철마다 산의 모습이 변하는데, 이것이 작은 금강산 같다 하여 '소금강(小金剛)' 또는 서쪽에 있는 금강산이라는 뜻의 '서금강(西金剛)'이라고 부르기도 했다.

자하동 계곡
관악산 연주봉에 올라가는 도중에 있는 계곡 이름이다. 계곡은 총 8킬로미터이고 푸른 숲과 맑은 계곡이 있어 늘 사람들로 붐비는 곳이다.

연주대
관악산에서 가장 높은 봉우리인 연주봉에는 크고 작은 절벽들이 솟아 있는데 그 절벽 위에 세워진 절이 연주대이다. 677년 신라의 문무왕 때 의상대사가 세웠을 당시에는 절의 이름을 '의상대'라고 불렀다고 한다. 연주대라고 이름이 바뀐 시기는 조선 초기이다. 고려가 멸망한 뒤 끝까지 고려에 충성을 다한 신하들이 이곳에서 고려의 개경 땅을 바라보며 고려를 그리워했다고 해서 '연주대(戀主臺)'라고 부르게 되었다고 한다. 이후 조선의 태조가 연주대를 확장해서 지었다.

연주대

이경전의 〈노호승설마기〉
눈 오는 날, 노량강에서 눈썰매를 타다

이경전(李慶全, 1567년~1644년)은 조선 중기의 문신이다. 1608년 영창대군을 왕위에 세우려던 유영경을 탄핵하다가 강계에 유배되었는데, 광해군 때 풀려나 관직에 올랐다. 1623년 인조반정이 일어나자 서인들의 눈치를 살펴 생명을 보전하다가 주청사 자격으로 명나라에 가서 인조의 책봉을 요청했다.

1631년 겨울, 큰 눈이 내렸다. 산도, 강도, 모두 흰 세상이 되어 버렸다. 눈이 어찌나 많이 내렸는지 평평한 모래벌판에 쌓인 눈이 몇 척이 넘을 정도였다.

나는 툇마루에 걸터앉아 잠시 겨울 풍경을 감상했다. 저 멀리 내다보이는 꽁꽁 얼어붙은 강을 보고 있자니 순간 얼음을 지치며 강을 내달리고 싶어졌다. 하지만 이미 내 나이가 예순다섯이나 되다 보니 추운 날씨에 늙은 몸이 견뎌 낼까 염려되었다.

"아! 서글퍼라. 늙고 힘이 없으니 하고 싶은 것도 내 마음대로 하지 못하는구나."

오랜 시간 홀로 적적하게 보냈기 때문일까? 갑자기 마음이 너무 울

적해졌다.

그때 하인이 급하게 뛰어왔다.

"대감마님, 손님이 오셨는데요?"

"그래?"

손님이 왔다는 소리에 내 귀가 번쩍 뜨였다. 나는 마루에서 벌떡 일어나 넘어질 듯 마당으로 뛰어내려가 대문으로 향했다.

찾아 온 손님은 오랜 벗인 김두남이었다. 평소 벗을 만날 때보다 천배는 기뻤다. 이참에 이웃에 사는 이군보와 한성일까지 불러 이야기꽃을 피웠다.

벗들과 이야기를 나누는 사이 어느덧 해는 저물고 날은 어두워졌다. 벗들이 돌아가겠다고 해서 나는 노량강변까지 이들을 전송하기로 했다. 노량강변의 모래 언덕에 다다랐을 즈음 강변에 나뒹굴고 있던 눈썰매 몇 대가 눈에 들어왔다. 순간 내 머릿속에 좋은 생각이 떠올랐다.

"이보게들, 강도 꽁꽁 얼었는데 오랜만에 눈썰매나 타 보지 않겠는가? 지금 아니면 또 언제 눈썰매를 타 보겠는가!"

내가 말하자 모두들 같은 마음이었는지 냉큼 눈썰매에 올라탔다.

우리들은 어느 방향으로 갈 것인지 정하지도 않고 그냥 얼음 위를 미끄러져 달리기 시작했다. 꽁꽁 얼어붙은 강의 표면은 흰 천을 다림질해 놓은 것처럼 매끄러웠다. 눈썰매에 올라 얼음을 지쳐 앞으로 나아갈 때마다 찬바람이 얼굴을 스치고 지나갔다. 그 기분이 어찌나 상쾌하던지 마치 하늘을 나는 것 같은 기분이 들었다.

"우리가 새보다도 빨리 가는 것 같지 않은가?"

 "허허허, 신선이 부럽지 않네그려!"

 얼음을 지치며 옆을 보니 평소에 배를 타고 갈 때는 보이지 않던 강의 아름다운 풍경이 한눈에 들어왔다.

 밤이 되자 저 멀리서 달이 떠올랐다. 나는 달빛에 비친 노량강을 사방으로 둘러보았다. 동쪽으로 동작 나루가 어른거렸다. 꽝꽝 얼어붙은 얼음에 구멍을 내고 그물을 거두는 어부들의 모습이 보였다.

 남쪽에는 황정욱 대감이 지으려다가 만 집의 흔적이 보였다. 흙을 다져 놓기만 한 채 집은 짓지 못했다. 황정욱 대감은 임진왜란 당시 선조대왕에게 왜군에 항복하라는 상소를 올린 죄로 벌을 받아 유배를 당한 뒤 쓸쓸하게 생을 마감한 사람이다. 지금 그 상소문이 모함이었다는 소문이 들려오니 대감의 인생이 무상하게 느껴졌다.

 북쪽으로는 반짝반짝 빛나는 용산이 눈에 들어왔다. 별빛처럼 보이는 것은 사람들이 살고 있는 집들이었다. 방 안에 불을 켜둔 채 잠을 이루지 못한 사람들이 많은가 보다. 서쪽에는 금화도와 우뚝 솟은 잠두봉이 보였다. 그 사이로 밤섬이 보였다. 멀리서는 남산과 삼각산이

안팎으로 주변을 에워싸고 있었다. 밤에 본 노량강 주변의 모습은 장엄하고 멋졌다.

"한강에 이렇게 멋진 곳이 있었다니 믿을 수가 없네."

우리들은 썰매 타기를 멈춘 채 강가에 앉아 한강의 밤풍경을 말없이 바라보았다.

그림 같은 강의 풍경에 넋을 놓고 있던 우리들은 다시 썰매에 올라탔다. 그리고 곧바로 나루를 향해 내달렸다. 썰매가 앞으로 나아갈 때마다 차가운 겨울 밤 공기가 온몸으로 전해졌다.

"이보게, 내가 먼저 가네!"

줄을 맞춘 듯 나란히 썰매를 지치는데 벗들 중 누군가 앞으로 치고 나갔다. 나도 질 수 없다는 생각에 더 빠르게 썰매를 지쳤다. 내 썰매는 씽씽 바람 소리를 내며 얼음 위를 미끄러져 갔다.

"저 친구를 잡아 보세!"

내가 튀어나가자 벗들의 손놀림도 빨라졌다.

우리들은 앞서거니 뒤서거니 하면서 재미있게 썰매를 탔다. 가다가 목이 마르면 허리춤에 차고 술병을 꺼내 벌컥벌컥 술을 들이켰다.

"이러고 있으니 마치 어린 시절로 되돌아간 것 같군."

"허허, 그러게 말이오!"

모두 동심의 세계로 돌아간 것 같은 느낌에 웃음이 멈추질 않았.

그때 술잔을 들고 우리 곁을 따라 다니던 아이가 노래를 부르기 시작했다. 아이의 목소리는 아주 곱고 맑았다. 마치 고요한 아침 샘물가에 똑똑똑 하고 낙숫물이 떨어지는 것 같았다. 우리는 넋을 놓고 아이의 노래를 들었다. 가녀린 노랫가락은 끊어질 듯 계속 이어졌다.

"진정 선녀의 목소리로구나."

그동안 잔칫상 앞에서 수많은 노래를 들어 봤지만 이토록 맑고 청아한 목소리는 처음인 듯했다.

노랫소리에 취해 정신없이 내달린 끝에 우리들은 처음 썰매를 탔던 모래 언덕으로 되돌아갔다. 이제 정말 헤어져야 할 시간이었다. 나는 아쉬운 마음이 들어 이렇게 말했다.

"사람 일은 참 알 수가 없는 법이군. 오랫동안 연락하지 못하고 지내다가 오늘 아침 우연히 만날 줄 어찌 알았겠으며, 오늘 저녁 이처럼 늦게까지 재미있게 놀게 될 줄 또 어찌 알았겠나? 다음에 우리가 만나 함께 놀 기회가 다시 생긴다 하더라도 얼어붙은 강물과 주변의 달빛은 오늘과는 다르지 않겠나?"

그러자 벗들도 고개를 끄덕였다.

"맞는 말이네. 오늘은 다시 오지 않는 법, 술이나 한 잔씩 더 하세."

역시나 유쾌한 벗들. 심각한 이야기는 금세 잊어버리고 우리들은 껄껄 웃으면서 술잔을 돌렸다.

벗들이 떠나고 나 홀로 집에 돌아오니 오늘의 추억이 기러기처럼 날아가 버릴까, 안개가 흩어지듯 자취를 남기지 않고 사라질까 두려운 마음이 들었다. 그래서 늦은 밤, 잠자는 것도 잊은 채 이렇게 등불을 켜고 오늘의 일을 적는다.

🌸 좀 더 둘러보기

이경전은 조선 중기에 활약했던 문신으로, 《석루집》이란 시문집을 지었다. 당시 노량진에는 벼슬에서 물러난 사람들이 많이 살았다. 그런데 정말 점잖은 양반들이 꽁꽁 얼어붙은 한강에서 썰매를 탔을까? 옛날 양반들은 겨울에 썰매를 많이 탔다고 한다. 어린아이나 젊은이들보다 나이 먹은 노인들이 더 많이 탔다고 한다. 이 글에는 당시 한강 변의 모습과 그곳에서 바라보던 도성의 모습, 그리고 체면을 벗어 버리고 아이처럼 노는 양반네들의 모습이 재미있게 묘사되어 있어 우리 조상들의 여가 모습을 들여다볼 수 있다.

🌸 근처에 가 볼 만한 곳

노량진(노량진 나루터)

조선 시대에는 노량진을 노들나루라고 불렀다. 이 지역에 수양버들이 울창했기 때문에 붙은 이름이다. 노량진은 한양 남쪽에 있는 한강의 나루터였는데, 옛날에는 이곳에서 배를 타고 한강의 남쪽과 북쪽을 오고갔기 때문에 굉장히 중요한 교통 요충지였다. 이런 이유로 조선 시대에는 이곳에 군대를 두기도 했다.

노량진 나루터를 오가는 사람들은 굉장히 많았다. 그래서 노량진 남쪽 언덕에 노량원이라는 여관을 만들어 놓았다. 노량진 나루터를 통해 한양으로 들어가려는 사람이나 다른 지역으로 가려는 사람은 노량원에서 쉬어 가기도 했다.

노량진 나루터 표석

새남터

예전에 노량진 강변에는 넓은 모래벌판이 있었다. 이곳을 새남터라고 하는데, 조선 초기에는 군사 훈련장으로 사용되다가 나중에는 죄수를 처형하는 사형장이 되었다. 이렇듯 트인 곳에 사형장을 만든 이유는 수많은 사람들이 오갈 때 죄인을 처형하는 모습을 보여 줌으로써 사람들에게 경각심을 일깨워 주려고 했기 때문이다. 세조에게 반대하는 사육신들도 이곳에서 처형당했고, 이후 천주교 박해 때에는 수많은 천주교 신자들이 이곳에서 순교를 했다.

새남터 순교 성지

김종수의 〈부해기〉
영종도 앞바다에 다녀와서

김종수(金鍾秀, 1728년~1799년)는 조선시대 후기의 학자, 문신, 정치인이며 사상가이다. 정조가 세손일 때 스승이었으며, 당론에 반대하여 세손을 옹호했다. 정조에게 도의정치를 역설하며, 임금이면서 아버지이면서 동시에 스승이 될 것을 건의했다.

1756년 5월, 나는 벗인 이윤지, 그리고 그의 아우들과 함께 인천에서 배를 타고 영종도로 놀러 갔다. 영종도는 인천에서 배를 타고 10리 정도 들어가면 볼 수 있는 섬이지만 땅도 비옥하고 사방이 탁 트여 있어 사람들이 살기 좋은 곳이다. 영종도에는 영종진이라는 군사 기지가 있어 강화도로 들어가는 길목을 지켜 준다.

우리들은 '태평루'라는 누각에 들렀다. 태평루에 올라가니 어둠이 깔린 바다가 한눈에 들어왔다.

날이 어두워지자 길을 물어 삼목포로 갔다. 이곳은 밀물이 들어오면 물이 차서 바다가 되고 썰물이 나가면 개펄로 변한다. 썰물 때가 되면 사람들은 배 대신 소를 타고 포구로 들어간다고 한다.

이 삼목포는 '구십구포'라는 별명을 갖고 있다. 이것이 무슨 뜻인지 궁금해 물었더니, 소를 타고 개펄을 가다 보면 질척거리는 개펄 때문에 열 걸음에 아홉 번은 넘어지고 말아서, 언제부터인가 사람들이 삼목포를 '구십구포'라고 불렀다고 한다.

사정이 이렇다 보니 조금이라도 지체하면 금세 밀물이 밀려 들어온다. 그러니 개펄로 오가는 것보다 차라리 빙 돌더라도 바다에 배를 띄워 오가는 것이 더 빠르겠다는 생각이 들었다.

우리는 이곳에서 하룻밤을 묵고 다음 날 아침 배를 타고 서쪽으로 향했다. 해가 뜨지도 않은 어두컴컴한 바다 한복판인지라 배가 어디로 가는지 잘 알 수가 없었다. 나는 이윤지와 함께 뱃머리에 서서 깊은 숨을 들이마셨다. 상큼한 바다 냄새가 바람에 실려 왔다.

"후, 정말 상쾌하구나!"

뒤를 돌아보니 마니산을 비롯한 여러 산들이 물 위에 반쯤 솟아 있었다. 아직 해가 뜨지 않은 희뿌연 하늘에는 새벽별 몇 개가 빛나고 있었다.

"들고 있는 부채를 좀 줘 보게."

말없이 풍경을 감상하던 이윤지가 내게 말했다.

"부채?"

의아한 생각이 들었지만 아무 말 하지 않고 이윤지에게 부채를 건네 주었다.

그러자 이윤지는 빠르게 부채 위에 그림을 그리기 시작했다. 얼마 지나지 않아 부채에는 신기루와 낙조(저녁에 해가 질 때 해 주위로 퍼지는

붉은빛)가 진 바닷가 풍경이 담겼다.

"날이 흐려 신기루와 낙조를 보지 못했으니 그림으로나마 낙조를 남겨 보려고."

우리는 배를 타고 계속 남쪽으로 내려갔다. 30~40리 정도 남쪽으로 더 내려가자 안개가 옅게 피어오르더니 그 사이로 햇살이 밝게 쏟아지면서 마치 두 송이 연꽃 같은 섬이 나타났는데 그 섬이 용유도라고 했다.

용유도는 한마디로 그림 같은 섬이었다. 흰 백사장이 드넓게 펼쳐져 있고 푸른 바다 위로 솟아오른 암석들은 저마다 다른 모습을 뽐내고 있었다. 어떤 것은 뾰족하고 어떤 것은 날카롭고, 또 어떤 것은 울퉁불퉁했다.

"참으로 절경이로세. 육지에서 들어오는 사람은 이것을 보지 못하겠지?"

우리는 이 놀라운 광경을 바라보며 한참을 떠들었다.

그러다 보니 썰물 때가 되어 어느덧 바닷물이 빠져나가 버렸다. 우리는 이곳에 배를 세우고 바닷물이 들어오기를 기다렸다. 밀물이 되어 바닷물이 다시 들어오는 것을 보고 우리들은 서서히 배를 띄우고 앞으로 나아갔다.

그런데 얼마 안 가 갑자기 거센 바람이 일더니 사방이 안개로 자욱해졌다. 다시 뱃머리를 돌려 영종도로 가려 했으나 바람이 세지고 안개가 깊어지는 바람에 한 치 앞도 보이지 않았다. 옷과 갓은 비를 맞은 것처럼 축축해졌다.

"제대로 가고 있는 건가?"

"글쎄……. 한 치 앞도 보이지 않으니 어디로 가는지 알 수가 없군."

우리들은 두려움에 벌벌 떨었다.

노를 젓는 사공도 손에서 노를 놓은 채 그저 기도만 하고 있었다. 해는 지고 하늘은 순식간에 어둠에 파묻혔다. 바다 한 가운데에서 길을 잃고 오도 가도 못하는 신세가 된 우리들은 결국 바다 한가운데에 닻을 내릴 수밖에 없었다.

그때 갑자기 하늘에서 우르르 쾅! 하고 벼락이 치더니 거센 비가 내리기 시작했다. 번쩍! 번개가 칠 때마다 바닷속이 훤히 들여다보였고, 성난 파도는 점점 더 거세졌다.

칼날 같은 세찬 바람이 불어와 배를 마구 흔들어 댔다. 파도는 배를 집어 삼킬 것 같은 기세로 점점 세어졌다.

모두들 겁에 질려 벌벌 떨면서 소리를 지르고 있는데 이윤지는 말없이 보따리에서 거울을 꺼내 들고는 씩 웃는 게 아닌가? 그러더니 입가에 체념의 미소를 띠면서 이렇게 말했다.

"이제 모두 물에 빠져 물귀신이 되겠군."

이 말에 내가 대답했다.

"사람이 죽고 사는 일은 운명에 달려 있다네. 이 배가 곧바로 중국의 소주와 항주로 가서 천하의 장관을 다 보게 될지 어찌 아는가? 그렇게 된다면 얼마나 기쁠까?"

"자네는 참 여유롭군."

느긋한 내 모습을 보더니 이윤지가 너털웃음을 지었다.

나는 등불을 켜고 시 한 수를 지어 읊었다. 내가 시를 읊으면 이윤지가 거기에 화답을 했다. 바람이 거세게 부는 바다 한복판에서 서로 시를 주고받는 모습이라니……. 아마 물의 신인 하백이 우리의 모습을 봤다면 이렇게 말했을 것이다.

"어찌 너희는 죽음을 겁내지 않느냐? 참으로 어리석도다."

우리는 시를 지으며 날이 밝기만을 기다렸다.

이윽고 동이 터오자 저 멀리서 한 조각 푸른 섬이 보이기 시작했다.

"나리! 섬이 보입니다!"

자세히 보니 그것은 월미도의 행궁(옛날 임금님이 밖으로 외출할 때 잠시 머물던 궁궐)이었다.

"살았네! 우리 살았으이!"

우리들은 서로 부둥켜안고 뛸 듯이 기뻐했다.

"자, 길을 찾았으니 돛을 올립시다!"

사공이 돛을 걸고 뱃머리를 돌리자 배는 쌩쌩 앞으로 나아갔다. 배는 수십 리를 내려가 제물포 진영 앞쪽에 도착했다.

"정말 파란만장한 뱃놀이였네."

"오늘은 내 평생 잊지 못할 날이 될 거야."

그 어느 때보다도 긴 새벽을 보낸 우리는 포구 마을에서 아침을 먹고 인천으로 다시 돌아왔다.

🌸 좀 더 둘러보기

이 글은 조선 영조와 정조 시대의 학자인 김종수가 1756년 벗들과 함께 배를 타고 인천 앞바다를 여행했던 일을 기록한 기행문이다.

영종도의 옛날 이름은 자연도(紫燕島)이다. 섬에 제비가 많다고 해서 자줏빛 '자(紫)', 제비 '연(燕)'을 써서 자연도라고 불렀다. 백제 시대부터 고려 시대까지 계속 자연도로 불리다가 조선 시대에 들어와 영종도라고 이름을 바꾸었다.

섬 전체는 삼각형 모양을 하고 있다. 섬의 가운데에 있는 256미터의 백운산이 전체에서 가장 높은 산이고, 북쪽에는 금산, 석화산이 있는데 높이는 그리 높지 않다. 섬인데도 농경지가 많다. 염전도 있지만 규모는 크지 않다.

지금 인천공항이 있는 곳으로 잘 알려진 영종도 일대는 고려 시대에는 고려와 송나라를 오가는 뱃길이었다. 이 글에서 나오는 용유도, 삼목나루는 그 당시에는 영종도와 떨어져 있었는데 지금은 간척 사업으로 인해 땅으로 메워졌다.

이 글에서 가장 흥미로운 부분은 영종도의 바닷가에 나갔다가 갑자기 불어 닥친 비바람 때문에 표류하는 장면이다. 바다 한 가운데에서 비바람이 몰아치던 급박한 상황에서 중국의 천하 장관을 보고 싶다고 말하던 지은이의 대범함을 느낄 수 있다.

🌸 근처에 가 볼 만한 곳

용유도

이 글에 나오는 용유도는 영종도에 딸려 있던 섬이다. 용유도는 영종도와 붙었다 떨어졌다를 반복했다고 한다. 썰물 때 바닷물이 빠지면 영종도와 연결되고 밀물이 되어 바닷물이 차오르면 영종도와 떨어졌다. 지금은 간척 사업으로 인해 영종도와 하나로 연결되었다. 인천공항의 서쪽에 있다.

삼목나루터
영종도와 개펄로 연결되어 있던 나루터이다. 지금은 모두 땅으로 메워졌다.

영종도
영종도는 인천광역시 중구에 있는 섬이다. 우리에게는 동북아시아 최대의 공항인 인천공항이 있는 섬으로 더 잘 알려져 있다.

영종도는 원래 용유도, 삼목도 두 개의 섬이었는데 간척공사를 통해 두 개의 섬을 하나의 섬으로 합쳤다. 국제공항이 있어 육지와 오가기 편하도록 다리를 만들었는데 그것이 영종대교이다.

휴양지 영종도의 평화로운 한때

정범조의 〈설악기〉
하늘과 땅 사이를 메운 설악산

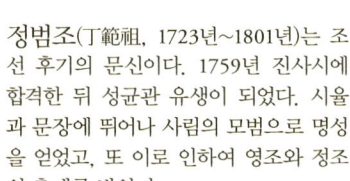

정범조(丁範祖, 1723년~1801년)는 조선 후기의 문신이다. 1759년 진사시에 합격한 뒤 성균관 유생이 되었다. 시율과 문장에 뛰어나 사림의 모범으로 명성을 얻었고, 또 이로 인하여 영조와 정조의 총애를 받았다.

    1778년 가을 어느 날, 양양 군수로 임명 받아 가던 중 우연히 설악산을 보게 되었어. 구름을 뚫고 우뚝 서 있는 산의 모습이 아주 장대했지. 당장이라도 저 멋진 산에 오르고 싶었지만 지체할 시간이 없어 곧바로 관청으로 향했어. 그리고 이듬해인 3월 17일 장현경, 체재하 등의 벗과 함께 설악산에 올랐어.

    산에 오른 첫날(17일)에는 신흥사에서 묵고 다음 날 신흥사의 흥운 스님에게 길 안내를 부탁했어. 스님은 북쪽의 비선동으로 우리를 안내했어. 한참을 가다 보니 깎아지른 듯한 비선동 봉우리가 눈앞에 나타났어. 봉우리의 모습은 정말 멋졌어. 계곡을 흐르는 맑은 물소리는 내 마음을 상쾌하게 해 주었지.

우리들은 가마에서 내렸어. 절벽이 너무 가파르기 때문에 가마를 타고 오를 수 없어서지. 우리들은 걸어서 절벽 위를 오르기 시작했어.

절벽에는 돌계단이 있었는데 생각보다 높고 계단의 수도 아주 많았어. 우리들은 한 계단 한 계단 오를 때마다 가쁜 숨을 몰아쉬었어. 게다가 마척령(마등령)에 오를 때에는 갑자기 날씨가 나빠져 큰 바람이 불고 안개가 밀려오고 비가 내리기까지 했지.

어스름한 저녁이 되어서야 우리는 오세암에 도착했어. 오세암은 신기하게 생긴 봉우리들에 둘러싸인 아담한 암자였어. 이곳에 매월당 김시습 선생(생육신의 한 사람. 최초의 한문 소설 〈금오신화〉의 저자이기도 함.)이 머무른 적이 있다고 해. 사찰에는 김시습 선생의 초상화가 두 개 걸려 있었어. 그런데 두 개 초상화의 모습이 아주 달랐어. 하나는 유학자의 모습을 한 선생의 초상화였고, 하나는 부처님을 모시는 불자의 모습으로 그려진 초상화였어.

나는 문득 서글픈 생각이 들었어. 세상에 뜻을 펴지 못하고 이곳에서 숨어 살 수밖에 없었던 선생의 일생이 떠올랐기 때문이야.

19일에는 사자봉으로 향했어. 사자봉 가는 길은 굉장히 험했어. 오르막길과 내리막길이 번갈아 나왔고 산길에 나뒹구는 잡초와 돌멩이 때문에 제대로 걸을 수가 없었어. 우리들은 걷다가 넘어지는 일을 수백 번 반복하면서 산을 올랐어. 이렇게 가다가는 절대 오늘 안에 사자봉에 오르지 못하겠더라고.

그때 누군가 기다란 밧줄을 갖고 왔어.

"이걸 이용해서 올라갑시다."

긴 밧줄을 나란히 붙잡은 다음, 먼저 간 사람이 앞에서 끌면 뒤에서 밀고 하면서 산을 올라갔어. 이렇게 하니 훨씬 쉽게 산을 오를 수 있었어. 힘을 모아 10리를 더 간 끝에 사자봉에 다다를 수 있었지.

사자봉 위에서 바라본 설악산은 실로 대단했어. 산봉우리가 하늘과 땅 사이를 모두 채운 것 같았어. 봉우리의 모습도 정말 멋졌어. 백조가 날아가는 것 같은 모습을 한 봉우리, 칼을 세워 놓은 것 같은 봉우리, 연꽃이 피어 있는 것 같은 모습을 한 봉우리들이 눈에 들어왔어. 골짜기의 모습은 산봉우리와는 또 다른 모습이었어. 어떻게 보면 투박한 그릇 같기도 했고, 어떻게 보면 커다란 가마솥처럼 생겼어. 어떤 골짜기는 둥근 항아리처럼 보이기도 했지. 산은 흙 없이 바위로만 이루어져 있었는데 쇠를 여러 개 겹쳐 놓은 것 같은 짙푸른 색이었어.

우리들은 사자봉에서 남쪽으로 내려갔어. 내려가려면 좁은 벼랑길을 따라가야 하는데 어찌나 좁던지 가까스로 발을 디딜 정도였지. 발

을 내딛는 곳마다 낙엽이 수북이 쌓여 있거나 바위가 무너져 있었어. 어떤 곳은 나무가 뿌리째 뽑혀 가로로 누워 있었지. 한 치 앞을 내다볼 수 없는 험한 길이기 때문에 우리는 벌벌 떨면서 한 발짝씩 앞으로 나아갔어.

  산의 뒤편에서는 계곡물이 산길을 타고 아래로 흘러내렸어. 좁은 산길에서는 좁게, 넓은 산길에서는 넓게 흘러갔어. 흘러내리다 바위가 솟아 있으면 바위를 타고 흘러내렸지. 계곡물은 흐르고 흘러 수많은 연못과 폭포를 만들었어. 그중 가장 멋진 곳이 수렴계곡이었어.

20일에는 한계폭포에 갔어. 한계폭포의 풍광은 정말 대단했어. 산꼭대기에서부터 아래로 물이 쏟아져 내리는데 영롱한 모습이 무지개처럼 아름다웠어. 바람이 불자 폭포의 가운데가 끊어지는 것처럼 보였어. 물보라들이 아지랑이가 되어 하늘로 흩날리는 것 같았어. 물보라가 어찌나 거센지 우리 옷은 흠뻑 젖어 버렸지.

나는 데리고 간 하인에게 피리를 불게 했어.

"나리, 갑자기 피리를 불라니요?"

내가 대답했어.

"이 아름다운 폭포 소리에 네가 답을 해 줘야 할 것이 아니냐."

하인은 고개를 끄덕이며 피리를 불기 시작했어.

폭포 소리와 피리 소리가 섞여 들리니 마치 둘이 대화를 나누는 것 같았어. 맑은 피리 소리가 온 골짜기에 울려 퍼졌어.

금강산의 구룡폭포가 조선 제일의 폭포라 하던데, 내가 보기에는 한계폭포가 더 멋진 것 같더군.

우리는 한계폭포에서 고개를 넘어 돌아 백담사에서 묵었어. 그리고 다음 날에는 비선동 뒷산을 따라 내려온 다음 신흥사에서 하룻밤을 더 자고 22일에 집으로 돌아왔어. 집에 돌아와 생각해 보니 이 모든 산행이 아득한 꿈처럼 느껴졌어.

🌸 좀 더 둘러보기

이 글은 조선 후기의 문신인 정범조가 1779년 4월 설악산을 유람한 뒤 쓴 기행문이다.

설악산은 강원도 양양군, 인제군, 속초시에 걸쳐 있고 높이는 1708미터로, 우리나라에서 한라산, 지리산 다음으로 높은 산이다. 설악산의 가장 높은 봉우리는 대청봉이다. 그 밖에 한계령, 미시령 등의 고개가 있다. 설악산에는 음력 8월에 눈이 내리기 시작해 이듬해 5월까지 눈이 녹지 않고 남아 있었다고 한다. 그래서 '흰 눈이 쌓인 산'이라는 뜻으로 '설악산'이라고 불렀다.

옛날에는 설악산이 지금처럼 인기가 많은 산은 아니었는데, 금강산에 비해 덜 알려진 산이었기 때문이다.

이 글에는 오세암, 비선대, 사자봉, 한계폭포 등 설악산의 대표적인 명소가 다 나온다. 우리한테도 익숙한 곳인데 옛날 사람들이 어떻게 등산을 했는지 상상을 하면서 글을 읽어 보면 훨씬 재미있다.

🌸 근처에 가 볼 만한 곳

신흥사

설악산에 있는 절로 652년 신라 진덕여왕 때 자장율사가 세웠다. 처음 세워질 때의 이름은 향성사였다. 698년에 완전히 불에 타 701년에 의상대사가 재건했는데 1642년 다시 불에 타 버렸다. 이후 스님들은 모두 떠나고 운서, 연옥, 혜원 스님만 남았는데, 어느 날 이 스님들이 동시에 똑같은 꿈을 꾸었다. 신이 나타나 향성사 터에 절을 지으면 그 사찰이 수만 년 갈 것이라고 했다. 신의 계시대로 사찰을 세웠고, 신의 뜻에 따라 사찰을 다시 일으킬 것이라고 해서 사찰의 이름을 '신흥사'라고 했다.

〈오세암에 전해 오는 이야기〉

옛날 설정 스님이 관음암에서 고아가 된 조카를 키우고 있었는데 어느 추운 겨울날, 관음암에 조카를 홀로 남겨 두고 먹을 것을 구하러 마을 장터로 갔다. 그런데 그 사이 눈이 너무 많이 내려 도저히 관음암으로 돌아갈 수가 없었다. 결국 이듬해 3월이 되어서야 간신히 관음암에 돌아온 스님은 홀로 남은 조카가 죽었다고 생각했다. 그런데 죽은 줄 알았던 조카가 목탁을 치면서 살아서 절을 지키고 있었다. 부처님의 도움으로 아이가 추운 겨울을 견디고 살아난 것이었다. 이후 이것을 기리기 위해 이 절을 '오세암'으로 고쳐 불렀다.

백담사
설악산에 있는 사찰로 647년 신라 진덕여왕 때 자장율사가 설악산 한계리에 '한계사'라는 이름으로 창건했다. 이후 여러 차례 불에 탔다가 재건되기를 반복했다. 1783년 정조 때 '백담사'로 이름을 바꾸었다. 설악산 대청봉에서 사찰에 이르는 데까지 100개의 담(연못)이 있다고 해서 붙은 이름이다. 백담사는 설악산 중 내설악에 위치해 옛날에는 사람들이 많이 찾지 않았다. 이곳은 한용운 선생이 깨달음을 얻은 곳으로도 잘 알려져 있다.

백담사

허균의 〈유법천사기〉
법천사에서 인생을 생각하다

허균(許筠, 1569년~1618년)은 조선 중기의 문인으로 학자이자 작가, 정치가이다. 최초의 한글 작품인 《홍길동전》이 그의 작품으로 판명되면서 이름이 널리 알려졌다. 조선시대 여류시인이자 작가, 화가인 허난설헌이 그의 친누나이기도 하다.

"이곳은 언제나 변함이 없구나!"

1609년 가을, 나는 고향인 원주에 있는 어머니의 산소를 찾아갔어. 돌아가신 어머니께 절을 올리고 무성하게 자란 잡초들을 뽑았어.

"어머니, 고작 일 년에 한 번 이곳을 찾는 불효자를 용서해 주십시오."

돌아가신 어머니 생각을 하니 마음이 울컥해졌어.

멍하니 앉아 외로움을 달래고 있는데, 누군가 뒤에서 "허균 선생 오셨습니까!"라며 반갑게 인사를 하는 게 아니겠어? 오래전부터 알고 지내던 지관 스님이었어.

"스님, 어떻게 이곳까지 오셨습니까?"

나는 깜짝 놀라 물었어.

"해마다 어머니 기일이 되면 성묘를 오시지 않습니까. 오늘도 오실 줄 알았지요."

지관 스님이 흐뭇하게 웃으며 대답했어.

우리들은 그동안 못다 한 이야기를 나누며 시간을 보냈어. 그러던 중 지관 스님이 이런 이야기를 꺼냈지.

"제가 예전에 법천사에서 1년 정도를 지낸 적이 있는데 그곳 경치가 아주 좋더군요."

"법천사요?"

'법천사'라는 말에 내 두 귀가 쫑긋 세워졌어.

법천사는 예전부터 꼭 한 번 가 보고 싶던 곳이었어. 고향집에서 그리 멀지 않은 곳에 있는 절인데, 한번 가 보려 해도 통 기회가 생기지 않았었지.

"스님, 이번에 제가 길게 휴가를 얻었으니 저와 함께 법천사에 가 주시겠습니까?"

내가 먼저 지관 스님을 졸랐어.

"허허허, 그것이 뭐가 어렵겠습니까!"

지관 스님과 나는 다음 날 일찍 길을 떠났어. 두멧길을 따라 얼마간 걸어가자 명봉산이 나타났어. 그리 높지 않지만 생김새가 독특한 산이었지. 봉우리 네 개가 서로 마주 보고 있는 모양새였는데 그것이 마치 새가 나는 것처럼 보였어.

명봉산의 동쪽과 서쪽에서 흘러나오는 계곡물이 산 어귀에서 만나

하나가 되는데 법천사는 그 한가운데에 위치하고 있었어. 절의 건물은 다 없어지고 지금은 절터만 덩그러니 남아 있었지.

　전쟁 때 불에 타 무너진 주춧돌이 길가에 흩어져 있었고 반으로 동강이 난 비석이 잡초 사이에 묻혀 있었어. 고려 시대의 스님인 지광의 탑비였다고 해.

　폐허가 되어 버린 절터를 본 지관 스님이 말했어.

　"예전에는 이 절에 머무른 사람이 수천 명에 이르렀습니다. 허나 지금은 예전에 제가 머무르던 곳에 가 보려 해도 흔적이 남아 있지 않아 찾을 수가 없으니……."

　이 말을 듣고 있자니 저절로 한숨이 나왔어.

　우리는 절터의 동쪽으로 가 보았어. 그곳에는 석상과 작은 비석이 있었어. 옆에는 무덤 세 개가 있었지. 하나는 조선 시대 정승을 지낸 이원의 어머니 무덤이었고 또 다른 하나는 유방선 선생의 무덤이었어.

뒤편에 있는 무덤은 유방선의 아들인 유윤겸의 무덤이었지.

나는 조용히 무덤에 절을 한 뒤 생각에 잠겼어.

"무엇을 그리 골똘히 생각하고 계십니까?"

지관 스님이 옆에 와서 물었지.

"스님, 사람이 산다는 것은 무엇일까요? 지금 나란히 누워 있는 세 분을 보니 저분들이 살았던 삶이 생각나서 그럽니다."

내가 차분하게 대답했어.

"저분들이 어떤 삶을 사셨는데요?"

지관 스님이 또 물었지.

"저 세 분은 나란히 누워 있는데 살아 있을 때의 삶은 참 많이 달랐지요. 이원 선생은 생전 정승 자리에 있을 때 '나는 새도 떨어뜨린다.'라는 말이 나올 정도로 막강한 권력을 손에 쥐고 흔들었습니다. 유윤겸은 세종대왕을 섬기는 일을 맡아 보면서 출세를 했지요."

"두 분 모두 살아생전 큰 부귀영화를 누렸겠습니다."

"그렇지요."

지관 스님이 또 물었어.

"그렇다면 유방선 선생의 삶은 어떠했나요?"

"저 두 분과 정반대의 삶을 살았다고 할 수 있지요. 학문이 깊고 덕이 높았으나 너무나 청렴하고 가난해 베옷조차 제대로 입지 못하고 도토리나 밤을 주워 끼니를 해결하다가 결국 산속에서 세상을 떠났지요."

"참으로 비참한 삶은 사셨군요."

지관 스님의 표정이 어두워졌어.

하지만 나는 잠시 생각하다 고개를 절레절레 저었어.

"꼭 그렇다고는 할 수 없겠네요. 비록 가난하게 살다 세상을 떴다고 하나 수백 년이 지난 지금까지 사람들이 유방선 선생의 글을 외우고 그의 인품을 존경하지 않습니까? 심지어 그가 머물던 이 작은 산과 촌스러운 절이 세상에 소문까지 났고요. 반면에 화려한 삶을 산 두 사람은 이름을 말해도 사람들은 알지 못합니다. 스님이라면 한 시대에서 풍요롭게 사는 삶과 후세까지 이름을 알리는 삶 중 어떤 것을 선택하겠습니까? 유방선 선생의 삶이 더 값진 삶 아닐까요?"

그러자 지관 스님이 껄껄 웃으면서 대답했어.

"허허, 공의 말씀이 맞습니다."

그러더니 이번엔 나한테 어려운 질문 하나를 던졌어.

"그런데 말입니다. 이런 경우도 있습지요. 옛 사람 중에서는 일부러 남에게 이름이 알려지기를 원치 않는 이도 있었는데 이 마음은 무엇이 겠는지요?"

'이름이 알려지기를 원치 않는 마음이라……. 과연 그런 사람이 있을까? 그 마음은 무엇일까?'

나는 곰곰이 생각을 해 보았어. 그러다가 마침내 해답을 찾아냈지.

"그것은 부처님의 가르침 아닌가요?"

"맞습니다."

그렇다면 과연 나는 어떤 삶을 살아야 할까? 여러 가지 질문을 던진 그런 하루였어.

🌸 좀 더 둘러보기

허균 하면 떠오르는 것이 우리나라 최초의 한글 소설 《홍길동전》이다. 허균은 조선시대 양반 가문에서 태어났다. 아버지 허엽은 서경덕의 제자로 학자, 문인으로 이름을 떨쳤고 높은 벼슬을 한 사람이다.

허균은 다섯 살 때 글을 읽고 아홉 살 때 시를 지을 정도의 천재였다고 한다. 허균은 1579년 과거에 장원으로 급제하면서 벼슬길에 나아갔지만 워낙 자유로운 생각을 갖고 있었고, 당시 조선 사회를 비판적인 시각으로 바라보아 모함을 많이 받기도 했다. 그럼에도 그의 문장은 누구나 제일로 손꼽을 만큼 뛰어났는데, 그중에도 《홍길동전》은 당시 조선 사회의 잘못된 점을 꼬집어 비판한 걸작으로 평가받고 있다.

이 글은 허균이 원주 법천사에 다녀왔다는 단순한 기행문만은 아니다. 법천사에는 조선 초기의 학자인 유방선의 무덤이 있는데, 허균은 그의 무덤을 보면서 유방선의 삶을 추모하고, 사람이 어떤 삶을 살아야 하는가에 대한 질문을 던지며 가치 있는 삶에 대해 생각해 보게 한다.

🌸 근처에 가 볼 만한 곳

법천사

법천사는 강원도 원주시 명봉산에 있던 절이다. 신라 성덕왕 때인 725년에 세워졌다. 이후 고려 문종 때 지광국사가 이곳에 머물면서 법천사를 큰 절로 만들었다고 한다. 조선 초기, 유방선이라는 학자가 이곳에서 머물면서 학문을 익히고 강의를 했는데, 학문이 깊고 경제 등 여러 방면에서 모르는 것이 없는 사람이었다고 한다. 한명회, 서거정, 권람 같은 학자들이 유방선 밑에서 공부를 했다고 전해진다. 임진왜란 때 절이 불에 타 버린 후 절터만 남았다.

법천사지광국사현묘탑비

법천사 터에는 고려 시대의 승려인 지광국사의 탑비가 서 있다. 이 탑비는 1070년 지광국사가 법천사에서 입적하자 지광국사를 기리기 위해 사리탑인 지광국사탑 옆에 세웠다. 지광국사탑은 현재 경복궁에 있고 법천사 터에는 탑비만 남아 있다.

법천사당간지주

사찰에서 법회나 큰 행사가 열릴 때 당(법회가 열릴 때 절의 문 앞에 세워 두는 깃발)을 다는 기둥을 당간이라고 하고, 당간을 지탱해 주는 받침대를 당간지주라고 한다. 법천사가 있었던 절터에 가 보면 법천사의 당간지주를 볼 수 있다.

법천사지당간지주

조수삼의 〈온정기〉

약이 되는 온양온천에 다녀와서

조수삼(趙秀三, 1762년~1849년)은 조선 후기의 시인이다. 문장과 시작에 천재적 소질이 있어 여섯 차례나 중국에 왕래하면서 시명(詩名)을 떨쳤고 중국어에 능했다. 글씨도 잘 썼다고 한다.

옛날 사람들은 병이 나면 온천에 가서 목욕을 하곤 했다. 온천물에 병을 낫게 해 주는 성분이 들어 있기 때문이다. 그중 가장 알려진 것이 유황온천이다. 유황이 섞인 물은 맛은 떫지만 성질이 따뜻하다. 전국 곳곳에 있는 유황 온천은 종기나 피부병, 몸의 마비 증상에 아주 효과가 좋다고 한다.

나는 어릴 때부터 몸이 약하고 병을 많이 앓았기 때문에 온천에서 목욕하기를 즐겼다. 그래서 우리나라의 온천은 물론이고 중국의 온천까지 두루두루 가 보았다.

내가 가 본 온천 중 가장 인상적이었던 곳은 황해도의 평산온천이다. 평산의 온천물은 참 독특했다. 뜨거운 온천물이 한 자(약 30센티미터) 정도 되는 높이로 세차게 솟구쳐 나온다. 물이 어찌나 뜨거운지 이 물로 야채를 데치거나 닭이나 돼지를 삶을 수도 있다고 한다.

하지만 온천 하면 단연 온양온천이 으뜸이다. 온양온천이 유명해지기 시작한 때는 고려 시대부터이다. 그때부터 임금님들이 이곳으로 나들이를 왔기 때문이다. 임금님들은 온천으로 나들이를 했다 하면 며칠씩 묵기 때문에 온천 곁에는 임금님이 머무는 행궁을 지었다.

행궁 안에는 임금님이 목욕을 하는 공간인 욕실 전각과 궁녀와 내시들이 머무는 공간이 있었고, 궁 바깥쪽으로는 신하들이 머무는 숙소가 갖추어져 있었다.

임금님이 목욕하던 건물이 어떻게 생겼는지 설명하면 대강 이렇다.

욕실 전각에는 남북 방향으로 다섯 개의 기둥이 있고 동서 방향으로 네 개의 기둥이 있었다. 가운데에 옥돌을 빙 둘러서 두 개의 온정(목욕간)을 만들었다.

온정의 깊이는 6자(약 1.8미터) 정도이고 세로 길이는 16자(약 5.4미터), 가로는 8자(약 2.4미터) 정도 되는 크기였다. 탕 안에는 세 개의 구멍이 있는데 이곳으로 물이 흘러나왔다.

그러면 온천수의 온도는 어느 정도일까? 처음에는 몸을 담그기 힘들 정도로 뜨겁다. 하지만 이것을 꾹 참고 견뎌 물에 몸을 담그고 한참 동안 앉아 있으면 따뜻한 기운이 온몸으로 퍼져 나간다. 겨울이나 여름이나 온천수에 온도 변화가 없는 것이 특징이라고 한다.

온양온천의 규모는 대단했다. 온천에서 나오는 뜨거운 물을 사람 손으로 직접 데우려면 무려 천 명이나 되는 젊은이들이 날마다 커다란 솥에 물을 가득 넣고 끓여야 한단다.

　이처럼 대단했던 온양온천 행궁의 건물 대부분은 세월이 가면서 기울어지고 무너져 버렸다. 휘장이나 발, 병풍 등 임금님에게 올리는 물건들은 먼지 속에 버려진 채 쌓여 있었다. 아마 오랫동안 임금님의 행차가 끊겼기 때문일 것이다.

　1750년 영조 대왕이 다녀간 이후 임금님이 이곳에 온 적이 없으니 건물은 85년 정도 방치되어 있었다. 이는 그만큼 임금님들이 건강하다는 증거니까 기쁜 일이기도 하다.

　선비나 서민들은 감히 임금님이 목욕을 하는 곳에서는 목욕을 할 수 없었다. 그런데 돌아가신 영조 대왕께서는 이런 말씀을 하셨다고

한다.

"백성들 중에서도 몸이 아픈 이들은 온천욕을 해서 병을 고쳐야 한다. 그러니 내가 목욕을 하지 않을 때는 백성들이 이용할 수 있도록 해 주어라."

이 말을 들은 신하들은 깜짝 놀랐다.

"전하, 전하께서 사용하시는 온천을 백성들에게 개방하라니요?"

신하들은 안 된다고 펄쩍 뛰었다. 하지만 영조대왕의 뜻은 단호했다.

"내 말을 잘 들어라. 임금이 목욕하기 위해 지은 곳이라고는 하나 매일 사용하는 것도 아니고 예비용으로 둔 것에 불과하지 않느냐? 그런 곳을 백성들이 출입하지 못하게 막아둔다는 것은 옳지 못한 일이다. 그러니 이제 백성들도 마음껏 온천에 가서 목욕을 할 수 있게 하여라.

그래서 조선의 모든 백성들이 건강하게 살아가게 하라!"

이 말을 들은 신하들은 임금의 성은에 모두 고개를 숙였다.

이때부터 온양온천에는 병자들의 발걸음이 끊이질 않았다. 병에 걸려 제대로 걷지도 못하는 사람들이 지팡이에 의지하거나 혹은 들것에 실린 채 온천을 찾았다.

이곳에서 온천욕을 한 사람들 중 많은 이들이 병을 고쳤다고 한다. 누워서 온천에 왔다가 걸어 나간 사람도 있고, 끙끙 앓는 소리를 내면서 왔다가 노래를 부르면서 되돌아간 사람도 있다고 한다.

그런데 이 온천에서 목욕을 한 뒤 병을 고친 사람들 중 이런 말을 하는 이들이 있단다.

"온천에서 목욕을 하면 병이 낫지만 오래 목욕을 하지 않으면 병이 다시 생긴다."

과연 병이 다시 생기는 것이 온천을 이용하지 않기 때문일까? 나는 그렇지 않다고 생각한다. 온천욕이 몸에 좋고 병이 낫게 도와주기는 하지만 모든 병을 다 고쳐 주는 만병통치약은 아니기 때문이다.

🌸 좀 더 둘러보기

이 글은 조선 후기의 문인인 조수삼이 1834년에 온양에 왔다가 온양행궁을 보고 쓴 글이다. 행궁은 임금들이 임시로 머물던 궁궐을 말한다. 온천 주변에 궁궐까지 지을 정도면 옛날 임금들은 온천에 자주 갔던 것 같다.

〈조선왕조실록〉에는 세종, 세조, 현종, 숙종, 영조 등의 왕과 사도세자가 온양행궁을 이용했다는 내용이 적혀 있다. 온양행궁에 한번 행차하면 짧게는 일주일, 길게는 두 달 정도 머물렀다고 한다. 하지만 임진왜란과 병자호란 이후 온양행궁이 불에 타고 폐허가 되어 오랫동안 방치되었고 임금들의 발길도 뜸해졌다.

그러다가 다시 왕실의 온천행이 시작된 때는 현종 때부터이다. 현종은 자신의 질병을 치료하기 위해 다섯 차례나 온양온천을 찾았고 이때 온양행궁이 다시 복원되었다. 이후 숙종, 영조, 사도세자도 온양행궁을 자주 찾았다. 사도세자 이후 왕실 사람들은 온양행궁을 찾지 않았지만 정조는 온양행궁이 아버지인 사도세자의 추억이 담긴 장소이기 때문에 각별한 관심을 두고 관리했다. 온양행궁은 일제 강점기 때 사라져 버렸다.

🌸 근처에 가 볼 만한 곳

온양어의정
충남 온양에 있는 우물로 세종이 이 우물에서 눈병을 치료했다는 이야기가 전해진다. 물론 세종 때의 우물은 없어졌다. 이후 사람들이 그 근처에 흩어져 있던 돌들을 모아 지금의 모습으로 복원한 것이다.

영괴대
충청남도 아산시 온천동에 있는 건물이다. 1760년 영조가 온양행궁에 왔을 때 함께 왔던 사도세자가 이곳에서 활을 쏘았다고 전해진다. 이후 사도세자가 세상을 떠난 뒤 그의 아들인 정조가 아버지를 추억하고 기념하기 위해 비석을 세우고 건물을 만들었다.

온양온천 시장

조선 시대의 임금들은 온양온천 근처에 별궁을 지어 온천욕을 하고 휴식을 취했다. 당시 임금들의 별궁이 있던 자리가 지금의 온양온천 시장이다. 온양온천 시장은 온양행궁의 수라간에 여러 음식 재료를 제공하던 곳이기도 했다.

온양행궁

온양행궁은 조선시대의 여러 궁궐 중 유일하게 휴양의 기능을 맡았던 곳이다. 왕의 침실인 내정전, 왕이 집무를 보던 외정전은 물론 신하들이 일을 하던 홍문관, 승정원, 상서원, 사간원 그리고 궁궐의 수비를 맡았던 수문장청 등 중앙기구를 압축해 옮겨 놓았다. 일제 때 훼손되었는데, 아산시가 재개발 사업을 추진하면서 온양행궁 복원에 대한 기대가 높아지고 있다.

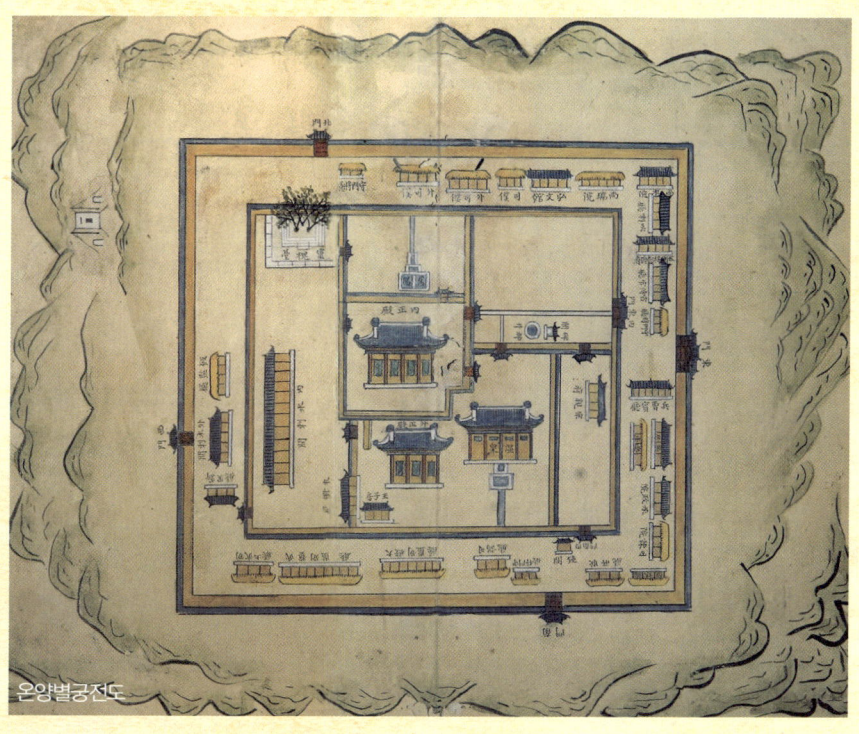

온양별궁전도

이곡의 〈주행기〉
백제의 마지막 흔적을 찾아서

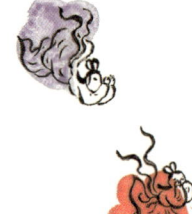

이곡(李穀, 1298년~1351년)은 고려 말기의 문인이자 관료이다. 이곡은 어릴 때부터 행동거지가 비범하고 독서를 부지런히 해서 원나라 제과에 급제한 후 벼슬길에 나아가게 되었다. 시문집으로 《가정집》이 있고, 가전체 소설로 《죽부인전》이 전한다.

    1349년 5월 16일 한 밤, 나는 벗들과 함께 부여 여행길에 나섰어. 우리들은 배를 타고 강을 거슬러 올라 밤늦게 부여성에 도착했어.
    가장 먼저 찾은 곳은 낙화암이었어. 이곳은 백제의 마지막 역사가 담긴 곳이야.
    부여는 백제의 마지막 수도였는데, 당나라의 소정방이 군대를 보내 백제를 침략하자 마음이 급해진 백제의 임금과 신하들은 궁궐과 궁녀들을 버리고 달아났고 궁궐에 남은 궁녀들은 두려움에 벌벌 떨었어.
    "이제 우리는 어떻게 하지?"
    "어서 궁궐을 빠져 나갑시다."
    남아 있던 궁녀들은 당나라의 군사들을 피해 달아나기 시작했어. 당나라 군사들은 말을 타고 맹렬히 궁녀들을 쫓아왔지. 궁녀들은 달리고 달리다 이곳 낙화암까지 왔어. 당나라 군사들의 말발굽 소리는 점점 더 가까이 들려왔어. 하지만 앞으로 더 나아갈 수 없었어. 발을 떼면 천 길 낭떠러지 아래로 떨어지는 절벽 위였기 때문이야.

"당나라 군사들에게 우리의 몸을 더럽힐 수는 없다!"

"우리는 백제의 여인이다!"

이렇게 다짐한 궁녀들은 절벽 아래로 몸을 던졌어. 그래서 이 바위를 '꽃이 떨어진 바위', 즉 '낙화암(落花岩)'이라고 불렀대.

낙화암을 지난 다음 닻을 풀고 서쪽으로 갔어. 그곳에는 구부러진 모양의 바위가 높이 솟아 있었어. 아래에는 맑고 깊은 연못이 있었지. 이 연못에는 전해지는 이야기가 있어.

당나라 군사들이 백제를 공격하기 위해 이 강을 건너려고 할 때마다 구름과 안개가 뒤덮이면서 거센 풍랑이 몰아닥쳤대. 이 때문에 당나라 군사들은 백제를 공격하지 못하고 번번이 군대를 물려야 했지.

강 옆에 있는 연못에 백제를 지켜 주는 용이 살고 있었는데 당나라 군사들이 강을 건너려고 할 때마다 용이 비바람을 일으켜 당나라 군사들을 막아 준 거야.

용 때문에 백제를 공격할 수 없자 당나라 군사를 이끌던 장수 소정방은 고민에 빠졌어.

"저 연못에 사는 용을 잡지 않으면 백제를 공격할 수 없다. 어떻게 해서든지 용을 잡을 수 있는 방법을 찾아라!"

소정방은 역술인을 불러 용을 잡을 수 있는 방법을 물어보았어.

역술인이 이렇게 대답했어.

"저 연못에 사는 용은 흰말을 좋아합니다. 그러니 흰말을 미끼로 이용하십시오."

이 말을 들은 소정방은 쇠를 두들겨 커다란 낚싯대를 만들고 굵은 철사로 낚싯줄을 만들었어. 그런 다음 낚싯줄에 흰말을 매달아 연못가의 바위 위에 갖다 놓았어. 소정방과 군사들은 바위 뒤에서 숨어서 용이 나타나기를 기다렸지.

한참을 기다리던 끝에 드디어 용이 모습을 드러냈어. 흰말을 본 용은 이것이 미끼인 줄도 모르고 날카로운 이빨로 덥석 흰말을 물었어.

"됐다! 이제 낚싯줄을 잡아당겨라!"

바위 뒤에서 숨죽이며 기다리고 있던 당나라 군사들이 일제히 낚싯줄을 잡아 당겼어.

"크흐흥!"

용은 거칠게 저항하면서 다시 강 속으로 들어가려 했어. 하지만 시간이 흐르면서 점점 힘이 빠져 버렸고 용은 결국 끌려 나오고 말았지. 용이 얼마나 크고 무거웠는지 이때 옆에 있던 바위가 움푹 패고 말았대.

지금도 용이 몸부림치던 흔적이 남아 있는 바위를 볼 수 있는데 이 바위를 '조룡대(釣龍臺)'라고 해. 이 말은 '용을 낚는다.'라는 뜻이야.

조룡대에서 서쪽으로 5리 정도 가면 강의 남쪽에 바위를 등지고 서 있는 '호암'이라는 암자가 나와. 바위에는 마치 호랑이가 올라간 것처럼 보이는 호랑이 발자국 모양이 뚜렷하게 남아 있지.

바위 서쪽에는 천 길이나 되는 낭떠러지가 있는데 이곳을 '천정대'라고 해. 이곳은 백제의 역사에 있어 매우 중요한 의미가 있는 곳이야. 백제 시대에는 나라에서 관리를 뽑을 때마다 후보자의 이름을 써서 이곳에 두었대. 그런 다음 임금과 신하들이 의복을 갖춰 입고 절을 올렸지. 마침내 하늘이 그 이름을 찍으면 그 사람을 신하로 뽑았다고 해.

우리들은 배에서 내려 호암에서 천정대까지 걸어서 갔어. 백제 시대 사람들이 의식을 치렀던 흔적은 남아 있지 않고 반쯤 공중에 솟아 있는 돌만이 우리를 반겨 주었지.

오늘 우리들이 본 낙화암, 조룡대, 호암, 천정대는 빼어난 경관을 자

랑하는 부여의 유적지야. 우리들은 유적지마다 서려 있는 백제의 이야기를 떠올리며 생각에 잠겼어.

"참 귀한 것들을 많이 보았습니다. 이곳에서 역사 공부를 하게 될 줄은 몰랐네요."

"게다가 경치 또한 빼어나니 과연 사람들이 천 리 길도 마다 않고 찾아올 만합니다."

우리들은 부여의 유적지와 정취에 흠뻑 빠졌어.

사실 내 고향은 여기서 가까운 곳이야. 그래서 어린 시절부터 수없이 많이 이곳을 지나다녔어. 하지만 이전에는 한 번도 눈여겨본 일이 없었어. 그러다가 오늘에서야 무척 좋은 구경을 했지.

하지만 한 편으로는 마음이 무거웠어. 지금은 한창 농사일이 바쁜 시기라 다른 이들은 정신없이 바빴거든.

'백성들은 땀 흘려 농사를 짓고 있는데, 나는 호사스럽게 여행이나 하다니……'

순간 내 자신이 부끄러워졌어.

지금 이 글을 남기는 것도 내 행동을 반성하고 앞으로의 경계로 삼기 위해서야.

🌸 좀 더 둘러보기

이 글을 쓴 이곡은 고려 말기의 학자로 문장에 매우 뛰어났다. 그가 지은 《죽부인전》은 대나무를 의인화하여 굳은 절개를 지키며 살아가는 부인의 모습을 그려내고 있다. 일종의 열녀전으로, 남녀관계가 문란했던 사회상을 풍자한 것이다.

이 글은 이곡이 백제의 마지막 수도였던 부여를 여행하면서 보고 느낀 것을 적은 글이다. 이곡의 눈에 비친 낙화암, 조룡대, 천정대의 모습과 역사 일화들이 실감나게 적혀 있다. 그런데 이 기행문은 자기반성으로 끝이 난다. 이곡이 여행을 떠났을 때는 백성들이 모내기로 한창 바쁜 때여서 백성들은 허리가 휘도록 농사일에 매달리고 있는데 양반인 자신은 한가롭게 유람을 하고 있다는 것이 부끄럽다는 선비의 반성이 실려 있다.

🌸 근처에 가 볼 만한 곳

낙화암

부여의 부소산 서쪽에 있는 낭떠러지 바위이다. 660년 백제 의자왕 때 신라와 당나라의 연합군이 궁궐을 쳐들어오자 궁녀들이 백마강 바위로 도망쳐 와 낭떠러지 아래로 몸을 던졌다. 원래 이 바위의 이름은 타사암이었다. 그런데 궁녀들이 떨어진 뒤 궁녀들을 꽃에 비유해 '낙화암'이라고 불렀다. 낙화암 위에 궁녀들의 영혼을 추모하기 위해 1929년에 '백화정'이라는 정자를 만들었고 절벽 아래에 '낙화암(落花岩)'이라고 글씨를 새겼다.

조룡대

부여의 백마강에 있는 바위이다. 바위 크기는 한 사람이 겨우 앉을 정도로 작다. 당나라의 군사들이 이 강을 지키는 용을 낚은 곳이라고 해서 '조룡대'라는 이름이 생겨났다. 이 용은 의자왕의 아버지인 무왕(武王)이 환생한 것이라고 전해진다.

천정대

부소산 꼭대기에 있는 바위로 백제 시대에 재상을 선출하던 곳이다. 이곳은 고대부터 신성한 곳으로 받들어졌다. 부소산에는 호암, 임금바위, 신하바위라는 바위들이 솟아 있는데 이 일대를 천정대라고 한다. 천정대는 백제 시대에 하늘을 섬기는 풍습이 있고 나라의 중요한 일을 결정할 때 영향을 미쳤다는 사실을 보여 주는 유적이다.

천정대

이황의 〈유소백산록〉
소백산에 오르면서

이황(李滉, 1501년~1570년)은 조선 중기의 문신, 학자, 교육자, 화가, 시인이다. 조선 명종·선조 시대의 사상가, 교육자이자 화가, 대성리학자였다. 정치보다는 학자 지향형 인물로 후학 양성에 힘썼다. 율곡 이이와 더불어 한국의 성리학(유학)의 가장 대표적인 학자이다.

    1549년 4월 소백산 유람에 나섰다. 전날까지 비가 주룩주룩 내리는 바람에 잠을 제대로 이루지 못했는데 다음 날 아침 거짓말처럼 날이 화창하게 개었다. 하늘은 눈부시게 푸르렀고, 공기는 맑으니 유람을 떠나기에 더없이 좋은 날씨였다. 내 마음도 한결 가벼워졌다.
    산에 오르기 전, 백운동 서원에 가서 하룻밤을 묵고 그 다음 날 산행에 나섰다. 유생인 민서경과 그의 아들 응기도 나와 함께 길을 나섰다.
    우리들은 소백산의 계곡인 죽계(낙동강 상류로 따라 들어가는 천)를 따라 올라갔다. 깊고 고요한 숲 속에서 골짜기를 따라 흘러가는 계곡물 소리가 요란하게 들려왔다. 계곡물 소리를 들으며 초암이라는 암자에 도착했다. 암자의 서쪽에는 높고 평평한 바위가 솟아 있었고, 그 아래에는 맑은 폭포수가 잔잔하게 고여서 만들어진 연못이 있었다. 바위는 제법 넓고 평평해 여러 사람이 둘러앉을 수 있었다.

우리들은 바위 위에 앉아 맑게 흐르는 물소리를 들었다.

"옛날 주세붕 선생이 이곳을 '백운대'라 이름 지었다 하는군요."

이 말을 듣고 내가 말했다.

"이 근처에 백운암도 있고 백운동도 있으니 헷갈리기 쉽겠군. 차라리 푸를 '청(靑)', 구름 '운(雲)'을 써서 '푸른 구름이 머무는 곳'이라는 의미로 '청운대(靑雲臺)'라고 부르는 것이 어떨까?"

"그것도 좋은 생각인데요?"

그때 어디선가 반가운 목소리가 들려왔다.

"이게 누구십니까? 퇴계 선생 아니십니까?"

평소 나와 잘 알고 지내던 종수 스님이 일행을 이끌고 나를 찾아왔던 것이다. 우리는 오랜만에 만난 벗들처럼 손을 맞잡고 반가워했다. 그리고 함께 청운대에 앉아 한잔씩 술잔을 기울였다. 몸이 좋지 않았던 민서경은 여기서 돌아갔고, 나는 스님들과 함께 석륜사에서 하룻밤을 묵었다.

석륜사의 북쪽에는 신기하게 생긴 바위가 있었다. 커다란 새가 고개를 들고 있는 듯한 모습이었는데, 이 때문에 이 바위를 '봉두암(鳳頭癌, 봉황의 머리를 닮은 바위)'이라고 부른다고 한다. 서쪽에는 사다리를 놓고서야 올라갈 수 있는 커다란 바위인 광풍대가 있었다.

다음 날은 걸어서 백운암까지 갔다. 그런데 이상하게 절이 너무 휑했다.

"이상하군. 이곳에는 왜 스님이 한 명도 없는가?"

텅 빈 절간이 이상해 내가 물었다.

"이 암자를 지은 스님이 이곳에서 홀로 수행을 하다가 도를 깨치고 홀연히 오대산으로 들어갔다고 합니다. 그래서 지금 이곳에는 아무도 없지요."

함께 간 스님이 대답해 주었다.

잡초들이 무성하게 자라 을씨년스러운 암자를 지나니 더욱 험한 길이 나타났다. 산길이 너무 가팔라 마치 절벽을 오르는 것 같았다. 힘든 산길을 걷고 또 걸어 하늘에 닿을 듯 솟아 있는 봉우리인 국망봉까지 다다랐다.

하늘이 맑게 개면 여기서 용문산과 한양도 볼 수 있다고 한다. 하지만 이날은 안개가 끼어 먼 곳까지 볼 수가 없었다. 흐릿한 가운데 월악산과 태백산, 청량산 등의 모습이 보일 듯 말 듯했다.

"먼 곳까지 다 보려면 서리가 내린 다음 날이나 비가 갠 뒤의 화창한 날씨여야 합니다."

종수 스님이 아쉬운 듯 말했다.

내가 대답했다.

"지금까지 좋은 경관을 봤으니 그것만으로도 충분하지 않은가. 산에 오르는 맛이란 눈으로 먼 곳을 보는 데만 있는 것은 아니지."

산 위는 매우 추웠다. 쌩쌩 부는 바람이 아주 매서웠다. 나는 가만히 주변의 나무들을 둘러보았다.

자세히 보니 나무들은 동쪽으로 기울어져 자라고 있었다. 나뭇가지와 줄기들은 대부분 곧게 자라지 못하고 휘거나 구부러져 있었다. 굵기도 가늘고 길이도 길게 뻗지 못한 작은 것들이 많았다. 이제야 나뭇잎이 돋아나기 시작했다.

지금이 4월 말이니 다른 나무들보다 잎이 돋아나는 시기가 훨씬 늦었다. 춥고 거센 바람을 이겨내면서 꿋꿋하게 자라는 나무들을 보니 가슴이 뭉클해졌다. 그러면서 환경에 따라 성품이나 겉모습이 바뀌는 것은 사람이나 식물이나 똑같다는 생각을 했다.

다음 날에는 상가타(소백산에 있던 암자)로 향했다. 걸어서 환희봉에 오르니 어제는 보지 못했던 산봉우리들이 모습을 드러냈다. 이곳에서 수백 걸음을 더 가니 옛 성터가 나왔다. 성 안에는 허물어진 우물이 남아 있었다.

서쪽에 조금 높이 솟아 있는 바위 봉우리에 가 보니 소나무, 삼나무, 철쭉 등이 무성히 자라서 앞을 가렸다. 사람을 시켜 눈앞을 가리고 있는 가지들을 치우게 하니 그제야 주변의 아름다운 경치가 한눈에 들어왔다.

이 바위가 '산대암'이라고 한다. 나는 이것을 '자하대'라고 바꾸어 불렀다. 아까 본 이름 없는 성한테도 '적성'이라는 이름을 지어 주었다. 자하대 북쪽에는 흰 빛깔의 두 봉우리가 보였다. 아직 이름이 없다고 하기에 봉우리의 이름도 지어 주었다. 동쪽의 봉우리는 '백학봉', 서쪽의 봉우리는 '백련봉'이라고 이름 붙였다.

그리고 숲을 뚫고 험한 산을 넘어가 상가타에 들러 내려오다가 재미있는 폭포를 발견했다. 바위에서 폭포수가 쏟아져 내리는데 폭포 옆에 대나무 잎이 무더기로 말라 버린 채 줄기들이 얽혀 있었다.

"대나무 바위에서 쏟아지는 폭포라……. 이 폭포를 '죽암(竹岩, 대나무 바위라는 뜻)폭포'라 불러야겠군."

"딱 어울리는 이름입니다."

함께 간 스님도 맞장구를 쳤다.

원래 이곳은 대나무 숲이 무성했다고 한다. 그런데 어찌된 일인지 전부 말라죽고 말았다는 것이다. 정말 이상한 일이라고 생각했다.

그날 저녁은 관음굴에서 잠을 잔 뒤 다음 날 산에서 내려왔다.

🌸 좀 더 둘러보기

이 글은 퇴계 이황이 1549년 4월에 소백산을 유람한 뒤 쓴 기행문이다. 이황은 조선 시대를 대표하는 성리학자이다. 학문이 깊어 '동방의 주자(주자학을 집대성한 송나라의 유학자)'라고 불리기도 했다.

소백산에 오를 당시 이황은 49세로 경상북도 풍기군의 군수였다. 그는 젊은 시절 이 지역을 수차례 오가면서 늘 소백산에 오르는 것을 꿈꾸었다고 한다. 하지만 그 꿈을 이루지 못하다가 풍기 군수가 되어서야 소백산에 오를 수 있었다. 이 글에는 이황이 소백산을 유람하면서 이름 없는 폭포와 봉우리에 이름을 붙여 준 이야기가 나온다.

소백산은 충청북도 단양군 가곡면과 경상북도 영주시 순흥면, 경상북도 봉화군 물야면에 걸쳐 있는 산이다. 소백산이 속한 소백산맥에는 '희다', '높다'라는 의미를 가진 백산이 여러 개 있는데 그중 작은 백산이라는 의미로 '소백산'이라는 이름이 붙었다. 산의 높이는 1440미터이고, 가장 높은 봉우리는 비로봉이다. 소백산의 북쪽은 경사가 완만하고 험하지 않은 반면 동남쪽은 경사가 심하고 산세가 험하다. 소백산은 신라, 백제, 고구려의 세 나라가 국경을 맞대고 있던 지역에 있던 산이기 때문에 역사 유적지도 많이 남아 있다.

🌸 근처에 가 볼 만한 곳

초암사
초암사는 소백산의 봉우리 중 하나인 국망봉 남쪽 계곡에 있는 절이다. 신라 시대 의상 대사가 세웠다. 초암사는 한국전쟁 때 불탔다가 이후 법당을 다시 지었다. 남아 있는 주춧돌이나 축대 등으로 미루어 보아 처음 지어졌을 때 규모가 꽤 컸다는 것을 알 수 있다.

석륜사
국망봉 아래에 있던 절인데 지금은 터만 남아 있다. 퇴계 이황이 소백산 유람길 첫날, 이곳에서 묵었다. 퇴계 이황이 들렀을 때만 해도 꽤 번성한 절이었다고 한다.

죽계구곡
소백산 국망봉 남쪽에 있는 계곡으로 초암사부터 삼괴정까지 이르는 약 2킬로미터에 걸쳐 있는 아홉 개의 계곡이다. 맑은 물과 푸른 숲, 아름다운 바위로 이름난 곳이다.

희방폭포
소백산 희방사 아래에 있는 폭포이다. 소백산 연화봉 동남쪽 기슭에 있는 희방사는 643년 신라 선덕여왕 때 세워진 절이다. 희방폭포는 영남지방에서 제일가는 폭포로 손꼽힌다. 높이는 28미터인데 연화봉에서 나온 물이 희방계곡을 지나 바위를 타고 떨어지는 모습은 장관이다.

희방폭포

주세붕의 〈유청량산기〉
신라의 유적이 가득한 청량산

주세붕(周世鵬, 1495년~1554년)은 최초로 서원을 세운 조선의 학자이자 문신이다. 곤양 군수를 거쳐 풍기 군수로 있을 때, 1542년 백운동에 고려 말기의 학자 안향의 사당을 세웠다. 이듬해 백운동 서원(소수 서원)을 창설했는데, 이것이 한국 최초의 서원이다.

1544년 4월 9일, 청량산에 오르기 위해 길을 나섰다. 이원, 박숙량, 김팔원, 그의 아들인 박이 함께했다. 부슬부슬 가랑비가 내리던 날 하루 종일 말을 달린 끝에 첩첩산중으로 들어갔다. 우리들은 도롱이(옛날 비옷)를 입었다 벗었다 하면서 산봉우리를 넘은 끝에 4월 11일 연대사에 도착했다.

나이가 지긋이 든 스님이 버선발로 뛰어나와 우리를 반겨 주었다. 산에는 여전히 뿌연 안개구름이 가득했다. 스님은 산 곳곳을 가리키면서 이곳저곳을 일러 줬다.

"저쪽이 김생굴이고, 저쪽이 치원대(고운대)입니다. 이 사찰 뒤에 원효사가 있고 서쪽에는 의상대가 있습지요."

스님이 말한 곳은 모두 신라 시대의 유명한 학자들과 관련이 있는 곳이었다. 김생굴은 김생 선생이 글씨를 익힌 곳이고, 치원대는 최치원 선생이 학문을 닦던 곳이다. 원효사는 원효대사와 관련이 있고, 의상대는 의상대사에 얽힌 이야기가 있는 곳이었다.

12일 드디어 날이 개었다. 나는 말과 하인 아이들을 돌려보낸 뒤 연대사의 계은 스님과 길을 떠났다. 비가 온 뒤라 그런지 숲은 더욱 깨끗해 보였다. 나무들이 우거진 푸른 숲길은 싱그러운 풀 냄새로 가득했고, 골짜기에서는 바람이 일어나고 햇빛에 모습을 드러낸 봉우리들은 저마다의 모습을 뽐내며 위풍당당하게 서 있었다.

우리들은 걸었다 쉬었다를 반복하면서 치원대에 도착했다. 도착해서 보니 박숙량이 데려온 하인 아이가 부는 피리 소리가 정자 가득 울려 퍼졌다.

"경치도 좋고, 피리 소리는 더욱 좋을세."

우리는 맑은 공기를 안주 삼아 술 한 잔을 들이켰다. 저녁 석양이 진 산자락이 우리를 포근하게 안아 주는 것 같았다. 날이 어두워지자 치원대에서 내려와 청량사에서 잠을 잤다.

13일에는 또다시 가랑비가 내렸다. 하지만 청량산 유람을 멈출 수는 없었다. 우리들은 극일암에 들어가 돌사다리를 올라갔는데 그곳에 높이는 천 자나 되고 둘레는 무려 열 아름(둥글게 팔을 모아 만든 둘레)이나 되는 어마어마하게 큰 늙은 소나무 한 그루가 서 있었다.

나는 극일암 뒤편으로도 가 보았다. 그곳에는 바람이 통하는 굴인 풍혈대가 있었다. 굴 안에 두 개의 나무판이 놓여 있었다.

"이것은 무엇인가?"

함께 간 계은 스님에게 물어보니, 신라 시대 최치원 선생이 사용하던 바둑판이라고 했다.

'신라 시대의 바둑판이라고?'

그렇다면 이 바둑판은 천 년의 세월을 견디어 온 셈이다.

"그토록 오랜 시간동안 썩지 않고 보존되고 있다니, 진정 놀랍군."

"아마 동굴 속에 보관되어 있었기 때문에 풍파를 피할 수 있었던 것 같습니다."

계은 스님이 설명해 주었다.

나는 최치원 선생의 흔적을 따라가 보기로 하고, 최치원 선생이 공부를 했다고 알려진 치원암으로 갔다. 치원암 앞에는 얼음처럼 차가운 물이 있었다. 이 물의 이름이 '총명수'라고 한다.

"이 물은 옛날 최치원 선생이 마시던 물이라고 합니다. 후대 사람들이 이 물을 마시면 누구나 최치원 선생처럼 총명해질 것이라 여겨 '총명수'라고 불렀다지요."

계은 스님이 계속 설명해 주었다.

그 소리를 듣고 나도 얼른 총명수를 떠 한 모금 마셔 보았다. 차가운 물이 온몸에 전해지면서 머리가 맑아지는 느낌이었다. 그날 우리들은 문수사에서 묵은 다음 문수암과 보현암을 방문했다.

14일에는 보현암이라는 암자에 들어가 함께 산행을 한 사람들과 술을 마시고 노래를 부르며 재미있게 놀고 문수암으로 돌아왔다.

15일에는 몽상암에 올랐다가 내려와서 원효암에 가 봤다. 나는 이곳이 옛날 원효대사가 머물렀던 곳이 아닐까 잠시 생각해 보았다. 내 생각을 읽었는지 계은 스님이 씩 웃으면서 이렇게 말했다.

"많은 이들이 원효대사가 이곳에서 머물렀다고 생각하지요. 허나 이곳은 원효대사가 머물렀던 곳이 아닙니다. 그분이 워낙 암자를 여러 차례 옮긴 까닭이지요."

아쉬운 마음을 뒤로하고 만월암에 올라갔다.

16일에는 백운암에 올랐다. 그곳에서 산 아래의 풍경을 잠시 감상한 다음 자소봉으로 향했다. 자소봉에서 산을 내려다 본 뒤 연적봉까지 올라가 산을 감상한 뒤 문수암에 들렸다가 김생굴로 갔다.

김생굴로 가는 길은 굉장히 험했다. 벼랑의 잔도(벼랑과 벼랑 사이에 사다리처럼 높게 걸쳐 만든 다리)마저 끊어져 있었다.

'저 위를 어떻게 올라가지?'

더럭 겁이 났지만 여기서 멈출 수는 없었다.

우리들은 손으로 덩굴을 움켜쥐고 이끼가 덮힌 벼랑을 엉금엉금 기다시피 하면서 올라갔다. 올라가는 길에 몸이 좌우로 흔들렸고 등에서는 식은땀이 흘러 내렸다. 가까스로 김생굴에 도착했다.

김생굴은 웅장하고 멋진 바위 아래에 있었다. 바위 위에서 폭포가 흩어지면서 떨어지는데 그 소리가 어찌나 크던지 마치 돼지가 울부짖는 것 같았다.

벼랑을 올라오느라 지친 우리들은 물부터 마셨다.

"비가 온 직후라 폭포의 기세가 더 대단한 것 같군요."

우리들은 굴 안으로 들어가 봤다. 굴 안은 매우 깨끗했다. 이곳에서 폭포 소리를 듣고 있으니 내가 마치 신선이 된 듯한 느낌이 들었다.

나는 김생 선생이 쓴 서첩(이름난 사람들의 글씨를 모아 만든 책)을 갖고 있는데 글씨가 억세고 굳건한 것이 마치 이 바위들의 빼어남을 닮은 것 같았다. 이 산을 보니 김생이 여기에서 글씨를 배웠다는 것을 짐작할 수 있었다. 글의 필체가 겹겹이 뾰족한 산봉우리 끝을 그대로 옮겨온 것 같았기 때문이다.

17일에 연대사에 도착해 밥을 먹고 작은 누각에 올라갔다. 밖에 있는 숲에서 술을 몇 잔 마신 뒤 산에서 내려왔다. 내려오는 길은 상쾌했다. 푸른 계곡물이 싱그러웠고, 구름과 안개가 낀 봉우리들이 한 폭의 수채화 같았다. 우리들은 고려 시대의 큰 사찰이었던 용수사에서 하룻밤 묵고 다음 날 집으로 돌아왔다.

🌸 좀 더 둘러보기

이 글은 조선 전기의 문신이며 학자인 주세붕이 열흘 가량 청량산에 다녀와서 남긴 기행문이다. 청량산 곳곳의 명소를 유람한 기록이 날짜별로 자세하게 기록되어 있는 최초의 청량산 기행문이다. 이 글로 인해 청량산이 많은 사람들에게 알려지게 되었다.

청량산은 경상북도 봉화군에 있는 산으로 높이는 870미터이다. 가장 높은 봉우리는 장인봉이다. 청량산은 산세가 수려해 예로부터 소금강이라 불리기도 했다. 청량산에는 유독 역사 유적지가 많은데, 신라 시대 학자인 최치원이 공부를 한 고운대와 독서당, 그리고 그가 마셨다는 약수인 총명수, 공민왕이 쌓은 청량산성, 김생이 글씨를 공부하던 김생굴 등이 있다. 이 밖에 원효대사가 창건한 내청량사와 외청량사, 의상대사가 창건한 유리보전 등 27개의 사찰과 암자 터가 있다.

청량산

🌸 근처에 가 볼 만한 곳

김생굴
김생 선생이 10여 년간 글씨 공부를 한 곳이라고 한다. 김생은 신라 시대의 유명한 명필인데, 중국 송나라까지 그 이름을 떨칠 정도였다고 한다.

풍혈대
이 근처에 치원암이 있었다고 전해진다. 바람이 통하는 굴로 여름에도 서늘한 바람이 분다고 한다. 옛날 최치원이 치원암에서 머물 때 이곳에서 책을 읽고 바둑을 두었다고 전해지고 있다.

총명수
청량산 금탑봉에 있는 샘물이 바로 최치원이 마셨다고 알려진 총명수다. 옛날에는 가뭄이 들어도 이 샘에는 항상 물이 일정하게 고여 있었다고 한다. 안타깝게도 지금은 옛날처럼 물이 맑지도 않고 양도 적어 떠먹기가 힘들다.

청량정사
청량정사는 퇴계 이황의 흔적이 고스란히 남아 있는 곳이다. 청량산에 있는 정자는 퇴계 이황이 학문을 배우기 시작한 곳인데, 이후 이곳에서 수도를 하면서 조선 성리학을 집대성하고 자신의 제자들을 가르치기도 했다. 퇴계 이황은 '청량산에 가 보지 않고는 선비라 말할 수 없다.'라고 말할 정도로 청량산에 대한 애정이 많았다.

백운암
자소봉 아래에 있었던 암자이다. 퇴계 이황이 어린 시절부터 청량산 백운암에 들어가 학문을 익혔다고 한다. 이황은 이곳의 경치를 묘사한 〈백운암기〉라는 글을 짓기도 했다.

허훈의 〈유수정사기〉
물도 맑고 돌도 예쁜 수정사에 다녀와서

허훈(許薰, 1836년~1907년)은 조선 말기의 학자이자 독립 운동가이다. 1990년에 건국훈장 애국장이 추서되었다.

    1895년 칠석날, 오랜만에 벗들과 이런저런 이야기를 나누던 중 비봉산과 수정사라는 사찰에 대한 이야기를 들었어.
    "자네들, 그 이야기 들었는가? 비봉산 남쪽 기슭에 수정사라는 사찰이 있는데 그곳에 가면 문석(무늬가 있는 수석)을 많이 볼 수 있다네."
    "이곳에도 비봉산이 있다고?"
    하긴 우리나라에는 '비봉산'이라는 이름의 산이 꽤 여러 개 있지. 충청도, 전라도, 황해도 등 여러 지역에 있는 산 이름이라고 알고 있었는데, 이곳 경상도에도 '비봉산'이 있다니…….
    그때 곁에 있던 벗이 말했어.
    "이곳의 비봉산이야말로 다른 지역의 비봉산과는 비교할 수 없을 만

큰 수려한 경관을 지녔다네."

이 말을 들은 나는 박경순, 이지첨, 이순칠, 권화여 등의 벗들과 함께 당장 비봉산으로 향했지. 우리들은 비봉산의 오른편 날개라는 동천동에 다다랐어. 개울물이 졸졸 흐르고 있었는데 개울가의 돌 모양이 아주 독특했어. 저마다 알록달록 고운 무늬를 띠고 있었지.

우리들은 고개를 넘어 마무곡으로 들어갔어. 마무곡 아래에는 문석들이 굉장히 많았어.

"수정사에 가면 이보다 훨씬 더 많은 문석들을 볼 수 있지."

이 말에 우리들은 서둘러 수정사로 발걸음을 옮겼어.

개울을 따라 올라가 수정사 입구에 도착했지. 그런데 무엇인가 좀 이상했어. 절이 너무 조용한 거야.

"아무도 없나?"

주변을 어슬렁거렸지만 절 안에서는 인기척도 나지 않았어.

"이 절에는 스님이 살지 않는데요."

때마침 우리 곁을 지나가던 나무꾼이 말해 주었어.

이미 날은 어두워지고 사람이 살지 않는 곳에서 머물 수도 없는 법. 우리들은 절 가까운 촌락에서 하룻밤을 보내기로 했어.

작은 고개를 하나 넘어가니 사방이 산봉우리로 둘러싸인 밭이 나왔어. 밭에는 벼 포기와 콩 줄기가 무성하게 자라 있었어. 우리는 이 근처에서 하룻밤을 묵었어.

그리고 다음 날 다시 수정사를 찾아갔어. 절간은 여전히 고요하기만 했어. 쑥대가 마당에 가득했고 불당 앞에는 접시꽃과 봉선화 몇 포기만 동그마니 자라 있었어.

'절 자체는 볼 것이 없군.'

속으로는 실망감이 가득했어. 하지만 우리가 이곳에 온 것은 문석을 보기 위함이 아니었던가!

우리는 개울을 따라 동쪽으로 갔어. 개울물은 땅속으로 스며들어 흐르고 있었어. 그런데 생각보다 특이한 모양의 돌멩이는 많지 않았어. 남아 있는 돌멩이들은 어디서나 흔히 볼 수 있는 것들뿐이었어. 그렇다고 여기서 포기할 수는 없지. 나는 허리를 숙여 한참 동안 특이한 모양의 돌멩이를 찾아 개울가를 헤매고 다녔어. 그러다가 고개를 들어 보니 개울 양쪽에 서 있는 푸른 절벽이 눈에 들어왔어.

우리들은 돌고 돌아 계곡의 가장 으슥한 곳까지 들어갔어. 넓고 평평한 돌 위에 우묵한 웅덩이가 패여 있었고 거기에 맑고 푸른 물이 가득 고여 있었지. 나는 단숨에 맑은 물을 들이켰어. 몸 전체에 시원한 기운이 돌면서 모든 근심과 걱정이 씻겨 나가는 것 같았지.

"와, 속세에서는 맛볼 수 없는 맛이로구나!"

하지만 수정사의 자랑이라는 문석을 얻지 못해 서운한 마음도 있었지. 그래서 우리는 첫날 갔던 마무곡으로 발걸음을 옮겼어.

맑은 개울물을 보자 우리들은 양반 체면도 잊은 채 어린이처럼 첨벙첨벙 개울 속으로 들어갔어. 모두들 마음속으로는 같은 생각이었을 거야. 멋진 문석을 줍고 말겠다는 생각. 그때 앞서가던 화여가 돌멩이 하나를 발견하고는 주우려 급히 뛰어가다가 발을 헛딛는 바람에 첨벙 하고 물속으로 넘어져 버렸어. 화여가 물속에서 버둥거리고 있는데 옆에 있던 지첨이 잽싸게 달려오더라고. 그러더니 화여를 일으켜 세우는 대신 화여가 주우려 했던 돌을 냅다 가로챈 다음 저 멀리 달아나 버렸지. 아이 같은 이들의 모습이 어찌나 우습던지 우리들은 배를 움켜잡고 웃었어.

나는 크고 독특한 모양의 돌을 하나 주웠어. 모양은 예뻤지만 너무 컸어. 내가 무거운 돌멩이를 들고 쩔쩔매자 옆에 있던 화여가 작은 돌을 내게 주고 무거운 돌을 대신 들어 주었어.

"내가 자네 돌을 운반할 테니 자네가 내 돌을 가져오게나."

벗의 고마운 마음이 느껴져 마음이 따뜻해졌어.

이렇게 걷고 걸어 우리는 비봉산 정상까지 올라갔어. 정상의 봉우리는 둥그스름하고 평평해 장정 백 명 정도는 너끈히 둘러앉을 수 있을 정도로 넓었지. 정상에서 산 아래를 내려다보니 광덕산, 작양산, 청량산, 태백산, 소백산 등 여러 산이 눈에 들어왔지.

우리들은 화여의 집으로 와 수제비를 한 사발씩 먹고 각자 갖고 온 돌멩이를 마루에 늘어놓았어. 자세히 들여다보니 돌멩이의 무늬가 모두 다른 것이 저마다의 개성이 있었어.

어떤 것은 골짜기에 걸쳐 있는 잘린 소나무 밑동이 물고기의 비늘을 뒤집어쓴 채 용을 속이는 것 같고, 어떤 것은 싸라기눈이 쌓인 나뭇가지 같았으며, 어떤 것은 붉은 낙조가 이는 강변 같았어. 어떤 것은 비가 내리는 들판처럼 보였고 어떤 것은 구름이 낀 봉우리에 소나무가 빼곡하게 서 있는 것 같고, 어떤 것은 산마을에 안개가 피어 있는데 나무들이 줄지어 늘어선 것 같았어. 또 어떤 것은 이름 모를 꽃들이 가

득 피어 있는 봄날의 산길 같았고, 어떤 것은 가을날 연못에 핀 연꽃 같았어. 평소에는 볼 수 없었던 아주 희귀한 모양이었지.

"이것이 전부 돌멩이라고 하면 믿겠는가? 조물주의 힘이 참으로 오묘할세!"

나는 이곳의 문석이 우리나라에서 나는 문석 중 단연 으뜸이라고 생각했어. 중국 명나라 때의 책 《산당사고》를 보면 하늘과 땅의 영험한 기운이 돌멩이에 모두 모여야 이처럼 아름다운 문석이 만들어진다고 해.

나는 생각했지. 온 세상의 좋은 기운이 문석을 만드는 데에 그치지 않을 것이라고. 좋은 기운들이 모이고 모이면 어지러운 세상을 구할 수 있는 유능한 인재를 만들 것이라고.

좀 더 둘러보기

이 글은 조선 말기의 학자인 허훈이 쓴 비봉산 유람기이다. 비봉산은 경상북도 청송군 진보면의 남쪽에 있는 높이 672미터의 산이다. 솟아 있는 봉우리의 모습이 날아가는 봉황처럼 생겼다고 해서 '비봉산'이라고 불렀다. 비봉산을 남쪽에서 보면 그 모습이 더 특이하다. 여자가 머리를 풀어헤친 채 누워 있는 모습을 하고 있다. 이 글이 재미있는 것은 비봉산 자락에 있는 수정사의 모습과 그곳에서 마신 약수 그리고 근처 계곡에서 주운 여러 가지 모양의 문석들을 보고 그것을 묘사하는 등 소소한 것을 기록했다는 것이다.

당시 조선은 매우 어지러운 상황이었기 때문에 대자연이 만들어 놓은 신비한 모양의 돌들을 보면서 허훈은 기울어 가는 나라를 세울 인재를 생각했다. 허훈은 학자이기도 했지만 항일운동을 위해 의병 활동을 지원했다. 이 글을 쓴 이듬해 1891년에는 의병장으로 추대되어 경상북도 일대에서 일본군과 전투를 벌이고 친일세력을 응징하는 무장 항일투쟁을 벌이기도 했다. 즐겁게 놀면서도 나라를 걱정하는 선비의 마음을 엿볼 수 있는 글이다.

근처에 가 볼 만한 곳

금성산
금성산은 비봉산과 짝꿍 같은 산이다. 같은 산맥에서 뻗어져 나왔고, 서로 마주 보며 서 있다. 높이는 비봉산보다 낮은 531미터로, 우리나라 최초의 화산으로 알려져 있다. 예로부터 비가 내리지 않으면 이곳에서 기우제를 지냈다고 한다. 그러면 산신이 비를 내려 주어, 영험한 산으로 알려지게 되었다.

수정사
비봉산과 금성산 사이의 계곡에 있는 절로 신라 신문왕 때 의상대사가 세웠다. 임진왜란이 일어났을 때 사명대사가 이곳에서 왜군을 무찌르기도 했다.

예로부터 금성산은 신령스러운 산으로 여겨졌다. 수정사의 바위 밑에서 솟아나는 샘물이 금성산의 기운을 받아 약수로 변한 것이라고 믿어 이곳에 온 사람들은 모두 이 물을 받아 가지고 갔다. 여기에서 절의 이름도 만들어졌다. '수정사'라는 뜻은 '물이 맑은 사찰'이라는 뜻이다.

금성산(왼쪽)과 비봉산(오른쪽)

조식의 〈유두류록〉
열두 번째 두류산에 오르면서

조식(曺植, 1501년~1572년)은 조선 중기의 성리학자이고 영남학파의 거두이다. 조선 중기의 큰 학자로 성장해 이황과 더불어 오늘날의 경상남·북도 사림을 대표하는 인물이 되었다. 현실과 실천을 중시하며 비판정신이 투철한 학풍을 수립했다.

1558년 5월, 친구들 몇몇과 그들의 아들들을 데리고 두류산(지리산) 유람길에 올랐다. 우리들은 배를 타고 섬진강을 건너 두류산 바깥 봉우리에 있는 쌍계사에 도착했다.

쌍계사는 두류산 서쪽에 있는 신응사와 동쪽에 있는 불일암에서 각각 시작되는 두 계곡 사이에 위치한 절이다. 두 계곡 사이에 절이 있기 때문에 절 이름을 '쌍계사(雙溪寺, 두 개의 계곡 사이에 있는 절)'라고 지었다고 한다.

절의 정취에 취해 있을 때 스님들이 상 한가득 먹을 것을 갖고 우리들을 찾아왔다.

"귀한 손님이 오셨는데, 대접할 것이 변변치 않네요."

스님의 웃음이 참으로 정겨웠다. 과일이며 맛있는 반찬들과 밥이 놓인 근사한 밥상이었다.

"고맙습니다. 맛있게 먹겠습니다."

사찰 음식은 꿀맛이었다. 우리들은 며칠 굶은 사람들처럼 허겁지겁 음식을 먹었다. 그런데 너무 급하게 먹었는지 갑자기 구토와 설사가 나서 밤새 앓아눕고 말았다.

이튿날은 비도 오고 몸도 좋지 않아 절에서 쉬고 다음 날 청학동에 들어가 보기로 했다. 우리와 함께 가려는 유생들이 많아 일행이 많이 늘어났다. 제일 앞에 선 사람이 허리에 찬 북을 치고 옆에 있던 사람은 피리를 불었다. 우리들은 앞서거니 뒤서거니 하면서 그들을 따랐다. 음식을 운반하는 하인 수십 명이 뒤따랐다. 길 안내는 신욱 스님이 맡았다.

열 걸음 걷다가 한 번 쉬기를 반복하면서 비로소 불일암에 다다랐다. 불일암이 있는 이곳이 바로 청학동이다. 동쪽에는 향로봉이, 서쪽에는 비로봉이 우뚝 솟아 있었다. 바위틈에는 청학 두 마리가 있었는데 이들이 푸른 하늘을 날아 솟구쳐 올라갔다가 내려오는 모습이 아주 일품이었다.

여기서 젊은 사람들은 향로봉까지 올라갔고 나는 불일암에서 물을 마시고 밥을 먹으면서 쉬었다.

잠시 후 절 뒤편의 능선을 따라 올라가 지장암을 찾아갔다. 그곳에는 붉은 모란꽃이 활짝 피어 있었다. 거기서 가파른 내리막길을 몇 리 급하게 걸어 내려온 뒤에야 비로소 쌍계사로 돌아올 수 있었다. 어찌

나 경사가 가파른지 한 발자국 내디딜 때마다 몸 전체가 앞으로 쏠리는 것 같았다. 그러자 문득 이런 생각이 들었다.

'가파른 산을 오르는 것처럼 어려운 게 선을 따르는 삶이고, 산을 내려오는 것처럼 쉬운 일이 악을 따르는 삶이 아닐까?'

20일에는 쌍계사에서 10리 정도 떨어져 있는 신응사에 가 봤다. 우리들은 사찰 앞의 계곡에서 발길을 멈추었다.

최근에 내린 비 때문에 계곡물은 엄청나게 불어나 있었다. 계곡물이 돌멩이에 부딪혀 솟구쳤다가 부서지는 모습이 반짝이는 구슬들을 내뿜는 것처럼 보이는가 하면 번쩍 하고 번개가 치는 것처럼 보이기도 했

다. 또 은하수의 별들이 와르르 떨어지는 것 같기도 했다.

　소와 말처럼 생긴 바위들이 계곡 곳곳에 널려 있었고, 계곡의 물빛은 아주 검푸른 빛깔이었다.

　"어찌 물 색깔이 으스스하지 않는가?"

　"왠지 저 물속에 용이나 뱀이 비늘을 숨긴 채 웅크리고 있을 것 같지 않습니까?"

　이 말을 듣고 계곡물을 보니 나도 모르게 오싹한 기분이 들었다.

　저녁에 신응사로 돌아와 서쪽 방에서 하룻밤을 묵었다. 21일부터 큰비가 내리더니 다음 날 저녁이 되어서야 그쳤다. 비가 내리는 동안 나는 사찰에 머물러 있었다. 그때 이 절의 스님이 나에게 부탁을 했다.

"이 지역의 백성들이 과도한 세금 때문에 고통을 받고 있습니다. 나리께서 고을을 다스리시는 목사님께 세금을 줄여 달라는 편지를 한 통 써 주시지 않겠습니까?"

백성들의 처지가 안타깝게 여겨져 편지를 써 주었다.

두류산에는 크고 작은 절이 수없이 많은데 그중에서도 신응사의 물과 돌이 최고라고 한다. 순간 예전의 일이 생각났다.

30년 전인가? 친한 벗인 성중려와 이곳을 찾은 적이 있었다. 10년 후에는 그의 아들도 함께 데려와서 여름을 보내기도 했고. 그런데 두 사람 모두 지금은 세상을 떠나고 없다. 나만 홀로 이곳에 와 있으니 세상을 떠난 벗이 너무나 그리웠다. 흐르는 계곡물을 바라보며 한참동안 떠나고 없는 벗을 생각했다.

그러다가 절 안으로 들어갔다. 부처님을 모셔 놓은 법당 안에는 모란꽃과 신기하게 생긴 여러 가지 꽃들이 섞여 있었다. 창가에는 복사꽃, 모란꽃, 국화꽃 등 여러 가지 꽃들이 오색 빛깔을 뽐내며 꽂혀 있었다. 이런 모습은 우리나라 절에서는 보지 못했던 것들이라 우리들은 눈을 떼지 못했다.

이날은 악양현(하동)의 창고에서 묵고 다음 날 새벽 '삼가석현'이라는 고개를 올랐다. 고개가 높이 솟아 하늘을 가로질러 있는 바람에 올라가는 사람이 몇 걸음 걷고는 세 번씩 한숨을 내쉰다고 하여 붙은 이름이다.

정말 말 그대로 오르는 데 힘이 많이 드는 고개였다. 올라가는 내내

땀을 비 오듯 흘리면서 올라갔다. 옷은 땀으로 푹 젖었고, 다리는 물에 젖은 솜처럼 무겁기만 했다. 거의 다 올라갔을 때에는 다리가 후들거려 제대로 서 있을 수도 없을 정도였다.

정신을 차리고 고개 위에 서서 사방을 둘러보았다. 우리나라의 아름다운 산천이 한눈에 들어왔다. 내 보기에는 중국보다 이 나라의 강산이 훨씬 멋졌다. 순간 내 입에서 탄식이 흘러 나왔다.

"안타까운 일이로다. 이렇게 멋진 땅에서 사는 백성들이 섬나라 오랑캐에게 고난을 당하고 있다니!"

저녁에 역관으로 돌아와 역관에 딸린 작은 방에서 잠시 잠을 청했다. 방에는 사람들이 가득했다. 다리를 제대로 펼 수도 없는 상태에서 간신히 몸을 눕히니 피곤이 밀려와 금세 잠이 들었다. 얼마나 잤을까? 문득 잠에서 깨어 주위를 살펴보니 내 앞도 내 뒤도 사람이었다.

'어제까지만 하더라도 구름과 산과 안개 속에서 신선이 된 듯 즐거웠는데, 지금은 좁은 방에서 몸을 구부리고 불편하게 잠을 자는 처지가 되다니……'

순간 며칠간의 두류산 유람이 아득한 꿈처럼 느껴졌다.

이번 유람이 나에게는 열두 번째 두류산 유람이었다. 왜 두류산을 이토록 여러 차례 올랐느냐고? 나의 꿈은 두류산 산자락에서 일생을 마치는 것이다. 허나 이 또한 내 뜻대로 되지 않았다. 매번 꿈을 이루지 못하고 눈물을 흘리며 발길을 돌려야 했다. 이제 내가 다시 두류산에 오를 일이 있을까? 이것을 생각하니 괜스레 마음이 서글퍼졌다. (이하 생략)

🌸 좀 더 들러보기

조선 중기의 학자인 조식은 지리산을 매우 사랑한 사람으로 알려져 있다. 실제로 지리산에서 학문을 닦기도 했고, 지리산을 무릉도원이라고 말하곤 했다. 지리산은 금강산, 한라산과 함께 신선이 산다는 산으로 여겨졌다. 산세가 험하고 산의 모습이 신비롭기 때문이다. '지리산(智異山)'의 뜻은 '지혜로운 사람들이 머무는 산'이라는 뜻이다. 이 때문인지 도를 닦고 진리를 깨치려는 사람들이 지리산 산자락으로 많이 모여들었다. 지리산은 '두류산(頭流山)'이라고 불리기도 했다. 두류산은 백두산 산맥이 이곳까지 흘러내려와 뻗었다는 뜻의 이름이다.

조식은 지리산을 무려 열일곱 차례나 올랐다고 한다. 이 글은 열두 번째 지리산을 올랐을 때의 글로, 1558년 5월 10일부터 25일까지의 기록이다. 이때 조식의 나이가 57세였다고 한다. 그의 기행문이 너무 길기 때문에 이 글에서는 우리에게 잘 알려진 곳을 묘사한 이야기를 뽑아 간추렸다.

🌸 근처에 가 볼 만한 곳

지리산

지리산은 경남의 하동, 함양, 산청, 전남의 구례, 전북의 남원, 이렇게 3개 도 5개 지역에 걸쳐 있는 산이다. 산의 높이는 1916미터이고 지리산에서 가장 높은 봉우리는 천왕봉이다. 지리산은 노고단, 반야봉, 천왕봉을 중심으로 하는 산인데 그 크기가 무려 100여 리에 달한다. 거기에 섬진강을 비롯한 10여 개의 하천이 흘러 푸른 숲과 맑은 물을 다 갖췄다. 그뿐만 아니라 화엄사, 쌍계사 등 유서 깊은 사찰과 문화재가 있고 800여 종의 식물과 400여 종의 동물이 살고 있는 천연 박물관이기도 하다.

천왕봉

지리산에서 가장 높은 봉우리이자 남한에서는 한라산 최고봉인 혈망봉 다음으로 가장 높은 봉우리다. 천왕봉의 정상은 늘 구름에 쌓여 있다. 그래서 삼대에 걸쳐 덕을 쌓아야

만 천왕봉에서 해돋이를 볼 수 있다는 이야기까지 있다. 천왕봉에서 바라보는 일출은 지리산에서 가장 아름다운 경치로 손꼽힌다.

화엄사
지리산 노고단에 있는 절이다. 화엄사는 임진왜란 때 불에 타 버렸고 스님들 또한 왜군에게 학살당했다. 그러다가 1630년 인조 때 벽암대사가 화엄사를 다시 짓기 시작해 7년 만에 화엄사를 다시 일으켰다.

쌍계사
경남 하동군 지리산 자락에 있는 절이다. 723년 의상대사의 제자인 삼법이 세운 절이다. 쌍계사는 임진왜란 때 불에 타 없어졌는데 이후 인조 때인 1632년에 벽암 스님이 다시 세워 오늘날의 모습을 하고 있다.

쌍계사

윤위의 〈보길도지〉
보길도에서 선조의 숨결을 느끼다

윤위(1725년~1756년)는 고산 윤선도의 5대손으로, 24세인 1748년에 보길도를 답사하고 선조의 발자취를 잊지 않기 위해 보길도의 풍정(風情)을 상세히 기록했다.

　해남에서 남쪽으로 70리 즈음 가면 둘레가 60리 정도 되는 섬이 나온다. 이 섬이 보길도이다. 보길도의 북쪽에는 장자도, 노아도 등 10여 개의 섬들이 여기저기 흩어져 있고, 남쪽으로는 제주도와 추자도가 있다. 보길도 근처는 언제나 바람이 강하게 불기 때문에 늘 파도가 일렁이고 물살이 거세다.
　우리들은 배를 황원포에 대고 섬 유람에 나섰다.
　보길도의 주산(풍수지리에서 집터나 도읍지, 묏자리의 기운이 모여 있다고 말하는 산)은 격자봉이다. 산의 높이는 60길에서 70길 정도이다. 격자봉에서 세 번 꺾어 북쪽 방향으로 가다 보면 낙서재가 나온다. 이곳은 고산 윤선도 선생이 머물렀던 곳이기도 하다.

격자봉 주변에는 두 개의 봉우리가 솟아 있다. 하나는 서쪽에서 남쪽 방향으로 솟아 있고, 또 하나는 남쪽에서 동쪽 방향으로 솟아 있다. 이 세 봉우리는 낙서재의 안산(풍수지리에서 집터나 묏자리 맞은편에 있는 산)이 되고 있다. 세 봉우리 중 격자봉의 높이가 가장 높다.

가운데 봉우리인 격자봉 허리에는 한 칸 정도 되는 자그마한 정자인 석실(동천석실)이 있고 동쪽 봉우리의 동편에는 승룡대가 있다. 동쪽 봉우리의 아랫부분은 장재도의 오른쪽 기슭과 맞닿아 있다. 장재도는 보길도 부근에 있는 섬인데, 산줄기가 띠처럼 연결되어 둥근 달 모양을 하고 있다.

승룡대 맞은편에는 하한대가 있다. 그곳에는 크게 자란 소나무가 이곳저곳에 서 있다. 하한대 아래는 곡수당이 있다. 곡수당 앞의 계곡물은 산기슭을 타고 돌아 아래로 내려와 세연지라는 연못이 된다. 여기서 흘러나온 물은 장재도의 왼쪽 기슭과 만난다. 이곳은 바닷물이 장재도 안으로 들어가는 곳인데 물이 깨끗하고 맑다. 장재도 밖에서 구불구불 옆으로 안고 돌아 있는 섬은 노아도(노화도)라고 한다.

승룡대의 북쪽은 산봉우리가 겹겹이 둘러싸고 있다. 나는 사방을 둘러보았다. 겹겹이 둘러싸인 산봉우리에서 아지랑이가 피어올랐는데 이 모습이 마치 반쯤 피어 있는 연꽃 같았다. 그래서 윤선도 선생이 이곳을 '부용동(연꽃처럼 생긴 마을)'이라고 불렀다고 한다.

평평하고 넓은 연못인 세연지의 물빛은 맑디 맑은 푸른색이었다. 주변에 있는 돌멩이들은 백옥처럼 흰빛을 띠고 있었다. 돌멩이의 모습은 참으로 다양했다. 어떤 것은 짐승이 움츠리고 앉은 것처럼 보였고, 어

떤 것은 사람처럼 보이기도 했다.

　이러한 풍광은 그 어떤 곳보다도 으뜸이었다. 그래서 사람들이 동방의 아름다운 명승지로 보길도를 꼽는가 보다.

　보길도는 바다 가운데에 있는 섬이어서 보길도의 산도 무더운 구름과 축축한 습기를 머금고 있었다. 하지만 부용동에 들어와 산을 바라보면 산이 아주 맑고 깨끗하게 보여 산 밖에 바다가 있다는 사실을 잊게 된다.

　산속에는 여러 동물들이 있었다. 재미있는 것은 이곳에 사슴, 돼지, 노루, 토끼처럼 순한 동물들만 있고, 범이나 뱀, 전갈처럼 상처를 입히는 동물은 없다는 점이다. 소나무, 가래나무, 밤나무, 유자나무, 동백나무, 석류나무 같은 나무들이 무성해 산이 늘 푸르게 보인다. 산속에는 나무 말고도 죽순과 고사리 버섯 같은 산나물도 가득하다. 게다가 바다로 나아가면 전복, 조개 같은 해산물도 얻을 수 있으니 이곳이야말로 산해진미를 골고루 갖춘 곳이라 할 수 있다.

　하지만 이곳에 살고 있는 사람들은 생각보다 적다. 벼랑 위나 넓은 바위 등에 터를 잡고 살아가는 사람들은 수십 가호 정도뿐이다. 이곳

에 사는 사람들은 나무 그늘이나 풀 밑에서 잠을 자거나 휴식을 취한다고 한다. 때로는 고사리를 따거나 도토리와 밤을 줍기도 하고 때때로 산길에서 만나는 돼지나 사슴들과 벗 삼기도 한단다. 이것이 대략적인 보길도의 모습이다.

이곳에 나의 조상인 고산 윤선도 선생이 머물렀다. 나는 늘 보길도를 늘 마음속으로만 그리워했다. 그러다가 마침내 섬에 들어와 아름다운 경치를 볼 수 있게 되었다.

섬 곳곳에서 윤선도 선생의 숨결을 느낄 수 있었다. 윤선도 선생이 살았던 집의 기울어진 난간과 정자에는 윤선도 선생의 손때가 남아 있는 듯했다. 나는 조심스럽게 건물들을 어루만지며 윤선도 선생의 발자취를 떠올리고 선생을 추모했다.

윤선도 선생께서 세상을 떠나신 지 78년이 흘렀다. 지금은 당시 선생이 오가시던 길도 없어진 채 풀과 나무들만 우거져 있었다. 무민당, 곡수당, 세연정 같은 건물만 남아 있고 낙서재는 터만 덩그러니 남아 있었다. 조용한 산골짜기에서 물소리, 소나무 소리를 들으면서 윤선도 선생을 생각하니 눈물이 주르르 흘러내렸다.

이곳을 지키고 있는 사람은 학관(윤선도의 아들)의 사위인 이동숙이라는 사람이다. 나는 학관의 일가 중 한 명인 청계노인으로부터 윤선도 선생에 대한 옛 이야기도 들었다. 한참 노인의 이야기를 듣고 있자니 이런 생각이 들었다.

'내가 너무 늦게 태어나 윤선도 선생의 흔적이 한참 남아 있던 시절을 보지 못하고 폐허가 되어 버린 건물만을 찾게 되었구나.'

하지만 청계노인의 가족이 아직 살아 있고 이동숙 군이 이곳을 지켜주고 있었으니, 늦게나마 윤선도 선생의 이야기를 들을 수 있어서 그나마 다행스러운 일이 아닐 수 없었다.

내가 보길도를 떠날 때 청계노인도 함께 나왔는데 안타깝게도 청계노인은 몇 개월 뒤에 세상을 떠나고 말았다. 이후 이동숙 군도 섬을 떠나 육지로 나왔다고 한다. 더는 보길도 부용동에 아는 사람이 없게 되었다.

앞으로 후손들이 이곳을 다시 찾아 윤선도 선생의 유적지를 방문한다 해도 조상의 흔적을 쉽게 찾을 수 없을 것 같아 안타깝기만 하다.

나는 갑자기 두려운 생각이 들었다. 훗날 이곳을 찾는 사람들이 보길도가 어떠한 곳인지 모르게 되고 윤선도 선생께서 머물던 흔적이 영영 사라지게 될까 봐 걱정이 되었다. 그래서 이렇게 보길도를 방문한 사실을 적어 윤선도 선생을 기억하고자 한다. (이하 생략)

🌸 좀 더 둘러보기

이 글은 조선 중기의 문인인 고산 윤선도의 5대손인 윤위가 24세 때에 자신의 조상인 윤선도의 흔적이 깃들어 있는 보길도를 답사한 다음 쓴 기행문이다. 윤위가 보길도를 찾은 시기는 윤선도가 세상을 떠나고 난 뒤 78년이 지난 후였다. 그는 자신의 조상인 윤선도가 머물렀던 곳, 글을 썼던 곳, 정자 등 보길도에 있는 윤선도 유적지를 그림처럼 생생하게 글로 풀어냈다. 윤선도는 보길도의 봉우리, 냇물 하나하나까지 자신이 이름 지을 정도로 보길도의 경치와 풍경을 사랑했다. 이곳에서 조선 가사문학의 대표인 〈어부사시사〉가 탄생되었다.

보길도에서 조상인 윤선도의 자취를 느낀 윤위는 훗날 사람들이 보길도와 이곳에서 머물렀던 윤선도를 기억하지 못할까 염려되어 이 글을 남겼다고 한다. 보길도의 위치, 유적지의 배치, 그때까지 전해 오던 고산 윤선도의 인간상과 생활상 등을 소상하게 밝히고 있다.

🌸 근처에 가 볼 만한 곳

보길도

보길도는 전라남도 완도군 보길면에 속한 섬이다. 해남의 땅 끝 마을에서 배를 타고 30분 정도 더 들어가야 보길도가 나온다. 보길도는 주 섬인 보길도를 비롯해 장사도, 예작도 등 여러 개의 섬으로 이루어져 있다. 섬의 대부분은 해발 300미터가 넘는 산지로 이루어져 있다. 평야는 거의 없고 나무가 많은 삼림지대가 대부분이다.

부용동 정원(보길도 윤선도 원림)

1636년에 윤선도가 보길도에 머물면서 집을 짓고 정자와 연못을 만들어 꾸민 것이 부용동 정원이다. 당시 왕이었던 인조는 병자호란 때 청나라에 항복했는데, 이때 윤선도는 이를 반대했다. 결국 윤선도는 벼슬을 버리고 보길도에 따로 집을 짓고 정원을 꾸몄다. 윤선도는 보길도에서 13년 동안 머물렀다. 이 정원 전체가 윤선도의 유적지라고 할 수 있다. 부용동은 윤선도가 생활을 하던 낙서재 주변, 책을 읽거나 쉬던 공간인 동천석실 주변, 그리고 정자인 세연정으로 나뉘어 있다. 낙서재를 빼고는 모두 복원되어 윤선도의 자취를 느낄 수 있다.

세연정
고산 윤선도가 부용동 정원에 세운 정자이다. 윤선도는 이곳에서 유명한 〈어부사시사〉, 〈오우가〉 같은 작품을 남겼다.

낙서재
윤선도가 글을 짓고 제자들에게 학문을 가르치던 곳이었다. 4채의 건물이 있었지만 모두 없어지고 지금은 집터만 있다.

보길도 윤선도 원림

최익현의 〈유한라산기〉
한라산에 올라 백록담을 보다

최익현(崔益鉉, 1833년~1906년)은 조선 말기의 문신으로 을사조약에 저항한 의병장이며, 위정척사론의 거두로 활동했다. 1894년에 일어난 동학농민운동과 갑오개혁에 크게 반발했고, 이듬해 을미사변과 단발령을 계기로 의병을 조직했다가 체포되었다.

    1873년 10월, 나는 죄를 지어 탐라로 귀양을 가게 되었다. 그곳에서 섬사람들과 이야기를 나누던 중 내가 물었다.
    "이곳에 와서 보니 한라산이 천하의 명승인데 찾는 이가 별로 없는 것 같소. 이는 사람들이 한라산에 못 가는 것인가, 아니면 일부러 가지 않는 것인가?"
    그러자 섬사람들이 대답했다.
    "이 산은 사백 리에 뻗칠 정도로 크고 하늘에 닿을 듯 높이 솟아서 오월에도 눈이 녹지 않습니다. 어디 그뿐입니까? 정상에 있는 백록담은 여러 선녀들이 내려와 노는 곳이라서 그런지 아무리 맑은 날이라 할지라도 항상 흰 구름이 끼어 있습니다. 때문에 신선들이 사는 곳이라고 불리고 있지요. 그러니 어찌 평범한 사람들이 쉽게 오를 수 있겠습니까?"

그토록 신비하고 장엄한 산이라면 죽기 전에 한 번쯤 꼭 오르고 싶다는 생각이 들었다.

2년 후 귀양살이에서 풀려난 후 나는 한라산에 오르기로 했다. 그런데 하필 한라산에 오르기 전날 날이 흐려지기 시작했다. 이러다 비라도 내리면 한라산 등반은 물거품이 되어 버릴 것 같았다. 그날 밤 나는 뜬눈으로 밤을 지새웠다. 설상가상으로 새벽이 되니 날씨는 어제 저녁보다 더 나빠졌다.

"이대로 한라산에 오르는 것은 무리입니다."

사람들은 한라산에 오르려는 나를 막아섰다.

"산에 오르다 보면 날이 갤 걸세. 너무 걱정하지 말게."

나는 날씨에 아랑곳하지 않고 한라산 등반에 나섰다.

우리 일행은 험하고 좁은 돌길을 지나 중산이라는 언덕까지 올라갔다. 그곳은 관원들이 산을 오를 때 말에서 내려 가마로 바꾸어 타던 곳이었다. 그런데 갑자기 그때부터 검은 구름이 걷히더니 환한 햇빛이 나왔다. 그러자 구름에 가려져 있던 바다의 경치와 산이 차례로 모습을 드러냈고, 날씨가 활짝 개어 청명한 하늘이 모습을 드러내자 모두들 기분이 좋아졌다.

조금 더 가니 골짜기를 타고 굽이굽이 흘러내려 가는 물줄기가 보였다. 우리들은 물줄기를 따라 서쪽으로 갔다. 비탈진 돌길을 돌아서 남쪽으로 가니 고목을 덮은 푸른 등나무 덩굴과 어지럽게 우거진 숲이

하늘을 가리고 길을 막아섰다. 우거진 수풀 때문에 발을 떼기가 무척 힘들었다. 이런 길을 10여 리 쯤 가니 이번에는 끝없이 펼쳐진 갈대밭이 나타났다.

이곳에서 다시 서쪽으로 1리 정도 가니 우뚝 솟은 석벽이 대(臺)처럼 서 있는데 뾰족하게 솟아 있는 것이 수천 길은 되어 보였다. 이곳은 옛날 삼한 시대의 봉수터였다고 한다.

곧 날이 저물 것 같아 우리들은 발걸음을 재촉했다. 계속 앞으로 가다 보니 가느다란 물줄기가 보였다. 물줄기를 따라 위로 올라가니 얼음과 눈이 환하게 빛나고 있었다. 그런데 온갖 나무들이 뒤덮여 있어서 제대로 걸어갈 수가 없었다. 걷다 보면 나뭇잎에 얼굴, 팔뚝이 긁혔다. 우리들은 머리를 숙인 채 기다시피 해서 이곳을 빠져나왔다.

　이렇게 6~7리 정도 가니 비로소 상봉(가장 높은 봉우리)이 보였다. 거기에는 풀과 나무는 나지 않고 파릇한 이끼와 덩굴만이 바위에 깔려 있었다. 바위 위에서 세상을 내려다보니 해와 달을 옆에 낀 신선이 된 듯했다.

　"허허, 마치 내가 신선이 된 것 같구나. 비도 바람도 모두 내가 다스릴 수 있을 것 같고."

　그런데 그 순간 갑자기 검은 안개가 몰려와 산등성이를 휘감았다. 산 주변은 순식간에 밤처럼 깜깜해졌다.

　"나리, 날씨가 또 변덕을 부리는 것 같군요. 이만 접고 내려갈까요?"

함께 온 사람들은 겁이 난 모양이었지만 나는 단호하게 말했다.

"이곳까지 와서 한라산의 진면목을 보지 못한다면 공든 탑이 무너지는 격이요, 섬사람들의 웃음거리가 될 것이다. 나는 산행을 멈추지 않을 것이다."

나는 마음을 굳게 먹고 계속 앞으로 나아갔다. 한참을 가다 보니 우묵하게 파인 구덩이가 보였는데 이곳이 바로 백록담이었다.

백록담은 주위가 1리가 넘고 수면은 잔잔한데 반은 물이고 반은 얼음인 호수이다. 백록담은 홍수 때에도 물이 불지 않고 가뭄 때에도 물이 줄지 않는다고 한다. 티끌 하나 없이 맑은 물속에는 마치 신선이라도 사는 것 같았다.

나는 호수를 둘러싸고 있는 주변을 둘러보았다. 백록담을 둘러싼 산등성이들의 높이가 일정해 마치 사람들이 쌓아 놓은 산성처럼 보였다. 어디 이만한 요새가 또 있겠는가! 우리들은 백록담의 남쪽에서 잠시 쉬었다가 다시 산 정상의 평평한 봉우리로 올라갔다. 한라산 정상에 서니 하늘, 땅, 바다 등 온 세상이 내 품에 안긴 듯했다. 정상에 서서 세상 구경을 한 뒤 다시 백록담으로 되돌아왔다. 짐꾼들이 밥을 지어 놓고 기다리고 있었다.

밥을 맛있게 먹은 후 물을 마시는데 물맛이 굉장히 달았다.

"이 물맛이 진정 금장옥액(신선이 먹는 선약)이 아니냐?"

식사까지 마친 우리들은 서둘러 산에서 내려오기로 했다.

우리들은 산허리를 걸어 내려간 뒤 동쪽의 석벽을 넘었다. 벽이 어찌나 가파른지 벼랑에 개미처럼 찰싹 붙어서 내려갔다. 이렇게 5리 쯤 내려간 뒤 고개를 들어 하늘을 보니 안개에 휩싸 백록담이 아득하게 보였다. 그 주변에 대나무를 쪼개 놓은 것처럼 하늘로 치솟은 석벽이 보였다. 마치 부처님이 장삼(스님이 입는 옷)을 입고 있는 듯했다.

20리쯤 내려오니 이미 해가 저물고 있었다.

"사람이 사는 마을까지 가려면 한참을 더 가야 하는데 어떻게 할까요?"

하인이 내게 물었다.

순간 나도 고민이 되었다. 한밤중에 어디에 있는지도 잘 모르는 마을을 찾아 계속 산행을 하다가 길이라도 잃어버리면 정말 큰일이기 때문이었다. 나는 산에서 잠을 자기로 했다. 다행히 밤공기가 그리 차지 않아 불을 피워놓으면 괜찮을 것 같았다.

우리들은 서둘러 잠 잘 곳을 찾았다. 하인이 찾아낸 커다란 바위에 몸을 의지하고 나무를 모아 모닥불을 피웠다. 모닥불이 활활 타오르면서 몸이 점점 따뜻해지자 곧 잠이 몰려오기 시작했다. 산 한복판이라는 걱정도 잊은 채 모두들 깊은 잠에 빠져 들었다.

얼마나 잤을까? 잠에서 깨어났을 때에는 이미 해가 중천에 떠오른 뒤였다.

"음, 생각보다 나쁘지 않았네."

"이만하면 산에서 또 잠 잘 수 있을 것 같은데요?"

우리는 가볍게 농을 던지기도 하면서 밥을 지어 먹고 다시 길을 나섰다.

하지만 머지않아 노숙의 나쁜 점이 발견되었다. 밤이슬을 고스란히 맞은 덕에 옷과 버선이 모조리 다 젖어 버리고 만 것이다.

얼마 후 길을 잃어 이리저리 헤매기도 했지만 내려가는 길은 어제에 비하면 평지나 다름없었다.

다시 10리 쯤 내려와 높은 봉우리와 깊은 골짜기에 웅장한 자태를 뽐내는 기암괴석들이 빼곡하게 늘어선 천불암에 다다랐다. 이곳의 바

위들을 다른 말로 '오백장군'이라고도 부르는데 어디서도 보지 못한 기이한 모습이었다.

　우리들은 가시덤불에 앉아 잠시 쉬다가 20리를 걸어서 산을 내려왔다. (이하 생략)

🌸 좀 더 들러보기

이 글은 조선 말기의 문신인 최익현이 1875년 한라산을 유람하고 쓴 글이다. 최익현은 어른 10여 명과 종 5명과 함께 한라산 유람에 나섰다.

당시 한라산은 평범한 사람들이 쉽게 접근하기 힘든 산이었다. 아마도 바다 건너 섬에 있는 산이기 때문에 사람들이 쉽게 다가가기 어려웠을 것이다. 제주도 중앙에 위치한 한라산은 높이는 1950미터로 남한에서 가장 높은 산이다. 옛날 사람들은 금강산, 지리산, 한라산을 신비한 힘을 가진 산으로 여기고 이 산들을 신처럼 받들기도 했다. 한라산은 예로부터 부악, 원산, 진산, 선산, 두무악, 영주산, 부라산, 여장군 등 여러 이름으로 불렸다. 이렇게 한라산이 여러 이름으로 불린 것은 한라산이 화산이라는 특이한 산이었기 때문일 것이다.

한라산의 '한(漢)'은 은하수를 뜻하고 '라(挐)'는 잡아당긴다는 의미이다. 한라산이 워낙 높기 때문에 한라산 정상에 서면 하늘의 은하수를 잡아당길 수 있을 거라는 뜻에서 이러한 이름이 붙은 것이다.

유배를 갔다가 그곳 사람들에게 한라산에 대한 이야기를 듣고 늘 한라산 등정에 대한 꿈을 키우던 최익현은 다음 해 꿈을 이뤘다. 그리고 한라산 정상에서 백록담을 봤다.

이 글에는 변화무쌍한 한라산의 날씨, 백록담의 전경과 산에서 잠을 자던 일들이 생생하게 적혀 있다.

🌸 근처에 가 볼 만한 곳

〈한라산 오백장군에 얽힌 이야기〉

기암괴석들이 모여 절경을 이룬 한라산의 오백장군에는 전해지는 이야기가 있다. 옛날에 5백 명의 아들을 둔 홀어머니가 있었다고 한다. 어느 날 어머니가 아들들을 위해 죽을 끓이다가 그만 펄펄 끓는 가마솥에 빠지고 말았는데 아들들은 그것도 모른 채 죽을 먹고 말았다. 나중에 이 사실을 알게 된 아들들은 너무 슬퍼 울다가 돌이 되었는데 이것이 오백장군 봉우리라고 한다.

백록담
한라산 정상에 있는 호수로, 화산의 분화구에 생긴 호수, 즉 화구호이다. 백록담은 가로로 600미터이고 세로로 400미터 둘레는 1720미터, 깊이는 108미터이며, 모양은 타원형으로 생겼다. 옛날 사람들이 이곳에서 흰 사슴(백록)으로 담근 술을 마셨다는 전설이 전해진다. 그래서 이 호수의 이름을 백록담이라고 불렀다.

한라산 백록담

의유당 남씨의 〈동명일기〉
귀경대에서 만난 일출

의유당(意幽堂, 1727년~1823년)은 조선 후기 여류문인이다. 1829년 남편이 함흥 판관으로 부임하자 부근의 명승고적을 탐승하며 지은 기행·전기·번역 등을 모아 《의유당관북유람일기》를 엮었다. 《의유당관북유람일기》는 한글로 되어 있으며, 그중 〈동명일기〉는 국문학사상 중요한 작품으로 꼽힌다.

    우리들은 행여 일출을 보지 못하게 될까 노심초사했어. 그래서 밤에 잠을 제대로 잘 수도 없었지. 밤새 뒤척이다가 가끔 하인 아이를 불러 사공에게 물어보게 했어. 그럴 때마다 들려오는 것은, "내일은 일출을 볼 수 있을 것입니다."라는 대답이었어.

    그런데 내 마음은 진정되지 않았어.

    '내일은 부디 일출을 봐야 하는데……'

    밤새 뒤척였는데 어느덧 새벽이 되었는지 꼬끼오! 하는 새벽닭의 울음소리가 들려왔어. 나는 후다닥 하인들을 깨웠어.

    "얘들아, 어서 일어나라. 이제 길을 떠날 채비를 하자."

    나도 아이들을 깨우고 나갈 채비를 했지.

그런데 관아의 종이 오더니 이렇게 말하면서 출발을 말렸어.

"마님, 지금은 시간이 너무 일러 못 떠나실 것 같은데요?"

하지만 나는 그 말을 듣지 않았어.

"서둘러야 해 뜨는 장면을 놓치지 않지. 늦으면 일출을 못 볼 거야."

서둘러 아이들을 깨우고 떡국을 먹인 다음 귀경대에 올랐어.

그곳에서 사방을 둘러보니 달빛이 밝게 빛나고 있었지. 바다는 어젯밤보다 더 밝은데 거센 바람이 뼈에 사무칠 정도로 불어왔어. 바다의 물결치는 소리에 산 전체가 움직였고 동쪽 하늘에는 아직 새벽별이 떠 있었어. 아마도 날이 새려면 시간이 더 있어야 할 것 같았어. 차가운 새벽바람에 몸을 으슬으슬 떨었어. 곁에 있던 남편이 걱정스러운 듯 말했어.

"괜히 일찍 와서 아이들과 당신이 병이 들까 걱정이 되오."

나는 행여 남편이 걱정할까 추운 내색도 하지 못한 채 가만히 앉아 있었어. 하지만 기다리고 기다려도 날이 샐 기미가 보이지 않는 거야. 사방은 어둡고 물결치는 소리만 가득한데 찬바람이 뼛속까지 스며들었어. 데리고 간 종들은 고개를 숙인 채 벌벌 떨고 있었지.

시간이 좀 지나자 동쪽의 새벽별들이 조금씩 사라지고 달빛이 엷어지면서 차츰 붉은빛이 떠오르기 시작했어. 그때 누군가 소리쳤어.

"동이 트기 시작한다!"

우리들은 마음을 졸이면서 바다를 바라보았어.

동쪽에서 붉은 기운이 서서히 뻗치기 시작하자 끝없이 넓은 바다가 한순간에 붉게 물들었어. 하늘에도 바다에도 붉은빛이 가득하고 파도

소리는 세차게 들리는데 이 모습이 정말 놀랍고 대단했어.

붉은빛은 더욱 붉어져 일출을 보기 위해 모인 사람들의 얼굴과 옷도 온통 붉은빛으로 물들었어. 사과처럼 붉은빛으로 물든 바닷물이 물결치고 이것이 하늘에 닿으니 이보다 더한 장관은 없는 것 같았어. 하지만 막상 해의 모습은 보이지 않았어. 그때 옆에 있던 기생들이 수군거렸어.

"저 붉은 기운 속에 솟아오른 해가 들어 있어. 이미 해는 뜬 거야."

"벌써 해가 다 떴다고? 하는 수 없군. 이제 돌아가야겠다."

이렇게 말한 뒤 발걸음을 돌리려 했어.

그러자 시아주버니가 나를 말렸어.

"기다려 보시오. 저 사람들이 잘 모르고 한 소리요. 조금 더 기다리면 해 뜨는 모습을 볼 수 있을 것이오."

하지만 하인들의 말은 또 달랐어.

"마님, 제가 여러 번 봐서 잘 아는데요, 이미 해는 떴습니다. 여기 계속 계시다가는 큰 병환이라도 나실까 걱정되옵니다."

나는 하는 수 없이 가마에 들어가 앉아 쉬기로 했어.

'정말 오늘도 일출을 볼 수 없는 건가?'

가마 안에 앉아서 쉬면서도 내 맘은 편치 않았어. 해가 떠오르는 장면을 꼭 보고 싶었거든. 이런 내 마음을 읽었는지 곁에 있던 하인이 어디론가 뛰어갔다 오더니 이렇게 말했어.

"마님, 저 아래에 있는 사공에게 물어봤는데요, 오늘 해를 잘 볼 수 있을 거라 합니다."

"그래?"

이 말을 들으니 더 이상 가마에 앉아 있을 수가 없었어. 나는 벌떡 일어나 가마에서 나와 다시 귀경대로 갔어.

정말 잠시 후 하늘에서 아름다운 붉은빛이 비치기 시작했어. 곁에 있던 하인 한 명이 들떠서 큰 소리로 외쳤어.

"마님, 저 밑을 보세요!"

하인이 가리키는 곳을 보니 붉게 물든 바다 속에서 긴 실오라기 같은 붉은 줄이 나타났어. 시간이 흐르면서 붉은빛은 더욱 붉어졌고 크기도 커졌어. 붉은빛이 손바닥 만해지자 그 위로 작은 동그란 알밤 같은 맑고 투명한 해가 떠오르기 시작했지.

해를 감싸고 있던 붉은 기운은 점점 넓게 퍼져 백지 반 장 넓이 만큼 커졌어. 그 위로 솟아오르는 해 덕분에 어둠은 사라졌고, 해는 큰 쟁반만큼 커졌어. 바다는 온통 붉은색으로 물들었어. 해 주변에서 어지럽게 흔들리던 붉은 기운은 더욱 밝고 환하게 빛났어. 그때 쟁반 만하던 해가 수레바퀴처럼 커지면서 하늘 위로 솟아올랐어.

해가 완전히 떠오르자 해의 주변에서 일렁이던 붉은 기운들은 서서히 사그라지면서 소의 혀처럼 처지더니 물속으로 풍덩 빠져 버렸어.

시간이 좀 더 지나자 물결에 비치던 붉은빛이 차차 엷어지고 하늘에서 해가 환하게 빛났지. 세상에 이런 장관이 또 없는 듯했어.

아마도 처음 백지 반 장만 한 붉은 기운은 그 속에서 해가 나오려고 그리 붉었던 것 같아. 그 안에서 회오리밤 같은 햇빛이 나와 온 세상을 밝게 비추니 이보다 더 황홀한 광경은 없는 것 같더라.

🌸 좀 더 둘러보기

이 글은 영조 시대의 사람 신대손의 부인인 의유당 남씨가 1772년에 한글로 쓴 것이다. 의유당 남씨가 관북지방을 여행하고 쓴 기행문《의유당관북유람일기》의 일부로, 동해의 일출을 감상한 소감을 쓴 것이다. 당시 의유당 남씨는 남편 신대손이 함흥판관으로 부임하게 되자 부임지로 가는 길의 여정을 글로 남겼다.《의유당관북유람일기》에는 이 글 외에 〈낙민루〉〈북산루〉〈춘일소홍〉〈명사득월루상량문〉 등의 작품이 실려 있다.

의유당 남씨는 동해안의 일출 광경이 대단하다는 말을 듣고 1771년 해돋이를 보러 갔으나 막상 구름이 많이 껴 해돋이를 구경하지 못하고 돌아오고 이듬해인 1772년 귀경대에서 동해안의 일출을 보고 그 감상을 적었다.

귀경대는 바닷가에 솟아 있던 바위로 바위의 꼭대기 부분은 평평하고 넓어 40~50명 정도 되는 사람들이 앉을 수 있을 정도였다고 한다.

이 글에는 행여 해돋이를 보지 못하게 될까 노심초사 하는 마음과 해가 떠오르기를 기다리는 심정이 잘 적혀 있다. 그중에서도 해가 솟아오르는 장면이 생생하게 묘사되어 있어 여성 문학의 대표작으로 꼽힌다.

🌸 근처에 가 볼 만한 곳

흥남구경대

이 이야기 속에서 '귀경대'라고 나오는 바위로, 함경남도 흥남시 풍흥동 바닷가에 있다. 바위의 모습이 거북이처럼 생겼다고 해서 거북 '구(龜)'를 써서 '구경대(龜景臺)'라는 이름을 붙였다고 한다. 높이는 30미터 정도이고 이곳에서 동해의 일출을 보는 사람이 많다.

낙민루
함흥 반룡산에 있었던 누각이다. 낙민루는 성천강과 조선에서 가장 긴 다리였던 만세교가 바라보이는 위치에 만들어졌다. 낙민루는 조선 시대 아주 유명했던 누각으로, 수많은 시에 낙민루에 관한 이야기가 나오지만 지금은 찾아볼 수 없다고 한다.

낙민루를 구경하러 온 수많은 사람들

박제가의 〈묘향산소기〉
단풍이 한창인 묘향산에서

박제가(朴齊家, 1750년~1805년)는 조선 후기의 정치가, 실학자로 북학파의 거두이다. 청나라의 선진 문물 수용과 중상주의 경제 정책을 주장했다. 서자로 태어났으나 적자와 서자를 가리지 않고 등용했던 정조의 방침에 따라 규장각 검서관 등 여러 벼슬을 거치면서 많은 저서를 남겼다.

    가을이 깊어 가던 9월 13일, 묘향산 유람길에 올랐다. 우리들은 석창에서 하룻밤을 묵고 다음 날 새벽 서둘러 산행에 나섰다. 새벽빛이 걷히자 묘향산 단풍이 한눈에 들어왔다. 붉은 옷으로 갈아입은 단풍나무에서는 당장이라도 진한 붉은 물이 뚝뚝 떨어질 것만 같았다.
    우리는 어천령을 넘어 저녁에는 향산천을 건넜다. 갈대들이 마른 소리를 내며 바람결에 흔들렸다. 냇가의 모래벌판에는 자갈이 쌓여 있었는데 사람들이 발걸음을 내디딜 때마다 달그락 소리를 냈다.
    냇가의 돌들을 보자 장난을 치고 싶어졌다. 돌멩이 중 납작한 것을 골라 쥔 다음 몸을 뒤로 젖힌 채 시냇물 한가운데를 향해 던졌다.
    돌멩이는 물 위에서 동그란 원을 그리면서 세 번 혹은 네 번 정도 튕

기면서 앞으로 나아갔다. 물수제비 뜨기를 하고 있자니 마치 어린 시절로 되돌아간 것 같았다.

나는 계속해서 돌멩이를 던졌다. 돌멩이의 무게, 생김새에 따라 물가에서 나아가는 모양이 다 달랐다. 조금 무거운 돌멩이는 두꺼비처럼 물에 잠기듯이 느릿느릿 앞으로 나아갔고 가벼운 것은 제비처럼 물결을 차고 앞으로 나아갔다. 그리고 어떤 것은 물 표면에 대나무 모양을 만들면서 통통통 앞으로 나아갔다. 또 어떤 것은 동전 모양을 만들면서 물 표면을 가볍게 치면서 나아갔다.

"나리, 정말 솜씨가 좋으신데요?"

내 모습을 지켜보고 있던 사람들도 모두들 돌멩이를 집어 들더니 일제히 냇물을 향해 돌을 던졌다.

우리들은 신이 나서 계속 물가에 돌멩이를 던지면서 놀았다. 돌멩이가 물 표면에서 물결이 겹겹이 움직인다고 해서 물수제비 뜨기를 '겹물놀이'라고도 한다.

한참을 이렇게 보낸 뒤 다시 산을 올랐다. 단풍이 절정으로 물들어 있는 묘향산은 마치 한 폭의 수채화 같았다. 나무들이 어찌나 무성한지 산속으로 들어가면 들어갈수록 잎들이 햇빛을 가려 어두침침한 동굴속을 탐험하는 것 같았다. 우리들은 10리 정도 더 걸어가 보현사에 도착해 하룻밤을 묵었다.

다음 날은 무릉폭포를 보러 갔다. 무릉폭포는 깊은 골짜기에 있는 연못의 물이 넘쳐 바위 아래로 흘러 떨어지는 폭포이다.

나는 폭포의 물이 시작되는 곳까지 올라가 보기로 했다. 그곳에서 폭포수가 커다란 나무들을 뚫고 아래로 내려가는 광경을 직접 보았다. 이것이 폭포를 감상하는 나만의 특별한 방법이다.

다시 보현사로 돌아와 잠시 쉰 다음 저녁 무렵 만폭동에 가 보았다. 고개처럼 생긴 커다란 바위가 있었는데 폭포는 그 바위를 타고 흘러내려 왔다. 물결은 세 번 꺾이고 나서야 밑으로 떨어졌다. 떨어지는 물줄기는 연못 속으로 들어갔다가 소용돌이를 치며 다시 일어났다. 이 모습이 고사리순이 주먹을 말아 쥔 것 같기도 하고 용의 수염 같기도 하며 움켜쥔 호랑이의 발톱 같았다. 물살은 무엇을 움켜잡을 듯하다 다시 쓰러지곤 했다. 우렁찬 폭포 소리는 헐떡이는 사람의 숨소리처럼 들렸다. 가만히 앉아 폭포 소리를 듣고 있자니 괜히 내 숨이 차오르는 것처럼 느껴졌다.

나는 본격적으로 물놀이에 뛰어들었다. 바지를 정강이까지 걷어붙이고 소매는 팔꿈치 위로 말아 올리고 두건과 버선까지 벗은 다음 물가에 걸터앉았다. 그리고 물속으로 발을 들이밀었다. 차가웠지만 기분이 좋았다. 발로 물살을 가르자 발톱에서 폭포가 이는 듯했다. 내친 김에 물을 입속 가득 넣고 양치질까지 했다. 빗줄기가 이 사이로 쏟아지는 것 같았다. 이번에는 두 손을 물속에 담가 보았다. 두 손으로 물살을 헤치니 물빛만 보이고 내 그림자는 보이지 않았다.

"어, 시원하다!"

나는 차가운 물로 얼굴을 벅벅 씻었다.

그때 가을 구름이 물 위에 비치면서 내 정수리를 어루만졌다. 나무들 사이로 보이는 푸른 하늘이 나한테 닿을 것만 같았다.

나는 이 폭포를 거슬러 올라가기 시작했다.

바위 위에 떨어지는 물 때문에 발을 내딛기가 힘들었다.

"나리, 위험합니다. 조심하십시오!"

내려다보니 사람들이 발을 동동 구르며 나를 바라보고 있었다. 길이 워낙 험한 터라 나를 따라 오르지는 못했다. 나는 폭포 밑에 있는 사람들의 모습이 보이지 않을 때까지 올라갔다.

산길은 굉장히 험했다. 수풀이 우거져 길이 끊어진 곳도 있었고, 낙엽이 무릎까지 푹 빠질 정도로 쌓여 있는 곳도 있었다. 무성한 나뭇잎들은 내 얼굴을 할퀴었다. 엉켜 있던 나뭇가지들에 걸려 옷자락이 약간 찢어지기도 했다.

간신히 이 길을 걸어 올라가니 폭포의 근원이 모습을 드러냈다. 맑은 샘물이 잔잔하게 돌부리를 감싸고 흘러갔다.

북쪽으로는 단풍이 짙게 물든 골짜기가 보였고 그 건너편에 향로봉이 보였다. 손을 내밀면 닿을 듯이 보였지만, 이것은 나의 착각이었다.

향로봉 쪽으로 가려면 다리를 하나 건너야 하는데 이것이 가깝고도 멀게 느껴졌다. 마치 저쪽은 신선들이 사는 세상이고 내가 있는 곳은 인간들이 사는 곳이라 바라볼 뿐 갈 수 없는 곳이라는 느낌이 들었다. 아쉬운 마음에 발길을 돌리기로 했다.

돌아오는 길은 나 혼자 갈 수밖에 없었다. 길 안내를 해 주던 스님도 길만 알려 주고 일찍 내려가 버렸다. 나는 날이 어두워지기 전에 서둘러 발걸음을 옮겨 산을 내려갔다. (이하 생략)

🌸 좀 더 둘러보기

이 글은 박제가가 스무 살 때인 1769년 10일 동안 묘향산에 갔다 온 뒤 쓴 기행문이다. 당시 박제가는 갓 결혼을 한 상태였다. 박제가의 장인인 이관상은 영변도호부사로 부임하는 차에 사위인 박제가도 함께 데리고 갔다. 그때 박제가는 처남인 이몽직과 그 지역 제일의 명승이라는 묘향산 기행을 떠났다. 박제가가 쓴 묘향산 기행은 10일 동안의 산행을 기록한 것이기 때문에 굉장히 길다. 여기서는 기행문 중 가장 대표적인 부분을 뽑았다. 계곡에서 물수제비 뜨기 놀이를 하는 장면, 무릉폭포에 관한 묘사 등 박제가의 빼어난 문장 실력을 엿볼 수 있는 부분이다. 직접 눈으로 볼 수는 없지만 박제가의 글을 통해 묘향산을 가늠해 볼 수 있다.

🌸 근처에 가 볼 만한 곳

묘향산
묘향산은 평안북도 영변군, 희천군과 평안남도 덕천군에 걸쳐 있는 산이다. 높이는 1909미터이고 가장 높은 봉우리는 비로봉이다. 예전에는 금강산, 지리산, 구월산, 묘향산을 우리나라 4대 명산이라고 부르기도 했다. 360여 개의 암자가 있고, 우리 민족의 시조인 단군이 태어났다는 단군굴도 있다.

단군굴
묘향산 향로봉 기슭에 있는 굴로, 폭 16미터, 길이 12미터, 높이 4미터나 되는 거대한 석굴이다. 굴 안에는 세 칸의 집이 있다고 한다. 단군굴에는 고조선을 세운 단군이 태어났다는 전설이 전해진다. 옛날에는 평양 감사나 영변 부사가 새로 부임하면 단군굴에 들러 절을 하는 게 관행이었는데 가는 길이 너무 험하고 높은 곳에 있어 가까이에 있는 다른 굴을 단군굴이라고 속여 참배를 했다는 이야기도 전해지고 있다.

비로봉
비로라는 말은 불교에서 나온 말로, '높다'라는 뜻이다. 봉우리의 동쪽은 암석과 초원으로 이루어져 있으며 올라가는 길의 경사가 매우 심하다. 맑은 날에 비로봉에 오르면 서해까지 보인다고 한다

보현사
968년 고려 광종 때 세워진 묘향산을 대표하는 절이다. 우리나라 5대 사찰 중 하나로 꼽히는 곳이다. 임진왜란 때 의병을 일으켜 싸웠던 서산대사가 입적한 곳으로도 잘 알려져 있다.

보현사

남효온의 〈유금강산기〉
발연 폭포에서 물썰매를 타다

남효온(南孝溫, 1454년~1492년)은 조선 전기의 문신이고 생육신의 한 사람이다. 세조가 어린 단종을 몰아낸 일을 마음에 걸려 하던 차에 단종의 어머니인 현덕왕후가 꿈에 나타나서 그를 책망하자, 소릉(현덕 왕후의 능)의 복위를 상소했으나 뜻을 이루지 못했다.

나는 일찍이 이런 말을 들은 적이 있어.

"전국 팔도에 있는 산 중에 가장 경치가 빼어난 산이 금강산이다."

금강산은 큰 봉우리가 36개이고 작은 봉우리는 무려 1만 3천 개나 있어. 직접 내 눈으로 금강산의 아름다운 모습을 보고, 금강산 산길을 밟겠다는 결심은 1485년이 되어서야 비로소 이루어졌어.

1485년 4월 15일 나는 한양을 출발해 금강산을 향한 길고 긴 유람을 떠났어. 금강산 유람은 생각보다도 힘들고 긴 여정이었어. 꼬박 열흘을 간 끝에 4월 26일, 드디어 금강산으로 들어갈 수 있었지.

우리가 가장 먼저 들른 곳은 신계사의 절터였어. 신계사는 신라 시대에 세운 절인데 지금은 터만 남아 있어. 지료라는 스님이 절을 다시 세우기 위해 나무를 열심히 구하러 다니더라고.

　절 앞에는 금강산의 모든 개울물이 모여든다는 '지공백천동'이 있었어. 남쪽에는 보문봉이라는 커다란 봉우리가 보였지. 봉우리 앞에는 세존백천동이 있고 동쪽으로 향로봉이 있어. 나는 좀 더 걸어 보문암까지 갔어.

　암자 아래에 도착하니 주지스님이 날 맞이하러 나와 계셨지. 나는 이곳에서 맛있는 산나물로 정성껏 마련한 점심을 대접받았어. 그 맛이 어찌나 좋던지 먹는 내내 감탄사를 연발했지.

　점심 식사 후 우리들은 발연암에 도착했어. 암자 뒤에 봉우리가 하나 있는데 보문암에서 본 일곱 개의 봉우리 중 마지막 봉우리였지.

　그곳에 계신 스님이 발연암의 유래에 대해 설명해 주었어.

　"옛날 신라 시대에 진표율사란 스님이 금강산에 들어오셨대요. 그런데 이곳 발연의 용왕이 자신이 살 곳을 지어 바치라고 했대요. 이 명을 받고 진표율사께서 세우신 암자가 발연암이랍니다."

　암자 위에는 커다란 폭포가 있었어. 폭포 왼쪽을 보니 하얀 돌들이 빛나고 있었지. 돌멩이들이 어찌나 곱던지 그 위에 털썩 주저앉을 수도 있었고, 심지어 벌렁 누워도 불편하지가 않더라고.

　목이 말랐던 나는 계곡물부터 마셨어. 얼음장처럼 시원한 물이 온몸 전체에 바로 흡수되어 아주 시원해졌어.

　함께 간 발연암의 스님이 나에게 이런 말을 했어.

　"이 폭포에서 더 즐겁게 놀 수 있는 방법을 알려 드릴까요?"

　"그거 좋지요. 얼른 알려주시오!"

스님이 나한테 설명을 해 주었어.

"발연암에서 불공을 드리고 난 사람들은 모두 이곳으로 몰려옵니다. 그리고 폭포 위에서 나뭇가지를 꺾어 물 위에 띄워 놓고 그 위에 올라탄 채로 물길을 따라 내려간답니다."

"그건 너무 위험하지 않겠소?"

나는 약간 겁이 났어. 움찔하는 내 모습이 재미있는지 스님은 얼굴에 미소를 띤 채 계속 설명을 해 주었어.

"생각보다 위험하지 않아요. 나뭇가지를 타는 기술이 좋은 사람은 물길을 제대로 타고 내려가거든요. 단, 기술이 없는 사람은 몸이 뒤집혀 떠내려가니 조심을 해야 하지요."

"헉, 몸이 뒤집힌다고?"

나는 더욱 겁이 났지.

그러자 스님이 껄껄 웃더라고.

"그렇다고 너무 겁낼 필요는 없습니다. 물속의 돌이 반들반들 매끄럽기 때문에 뒤집혀 내려간다고 해도 다치지 않으니까요."

설명을 다 듣고 나자 순간 나도 욕심이 생겼어.

'여기까지 올라왔는데, 나도 재미있는 놀이나 한번 해 볼까?'

하지만 덥석 나서기에는 약간 겁도 났지.

그래서 함께 간 운산에게 말했어.

"공께서 먼저 해 보시게. 그 다음에 나도 해 볼 터이니."

"그러지요."

눈을 반짝거리던 운산은 기다렸다는 듯이 폭포 위로 걸어 올라갔어. 그리고는 튼튼한 나뭇가지를 하나 꺾은 다음 그 위에 올라섰어.

"운산! 조심하게!"

나는 행여 다칠까 걱정이 되어 목소리를 높였어.

"나리, 걱정하지 마십시오."

나뭇가지에 몸을 실은 운산의 몸이 폭포의 물결을 따라 아래로 툭 떨어졌어. 운산이 탄 나뭇가지는 물길을 따라 아래로 내려왔어. 나뭇가지 위에 선 운산은 때로는 비틀거리기도 했지만 용케 중심을 잘 잡더라고. 그 모습이 꽤나 근사해 보였어.

"와, 이거 진짜 재미있는데요?"

운산은 여덟 번 시도해서 여덟 번 모두 성공하는 기염을 토했어.

이번에는 내가 직접 나뭇가지 물썰매를 타 보기로 했어.

"나리, 조심하십시오."

사람들은 걱정스러운 눈빛으로 나를 바라보았어.

"염려 마시게!"

나는 도리어 큰소리를 떵떵 쳤어.

솔직히 마음 한구석에는 두려운 마음이 있기도 했지. 하지만 용기를 내 성큼성큼 폭포 위로 걸어 올라갔어. 가장 튼튼해 보이는 나뭇가지를 꺾어 그 위에 섰어.

"하나, 둘, 셋!"

나뭇가지 썰매 위에 선 나는 눈을 질끈 감고 폭포 아래로 미끄러지듯 내려왔어.

"쏴아!"

물보라가 일더니 나뭇가지는 물결을 따라 이리저리 흔들리면서 아래로 미끄러져 갔어. 때로는 덜컹거려 넘어질 것 같기도 했지만 나는 용케 중심을 잘 잡았지. 물방울이 얼굴 전체에 튀어 앞이 잘 보이지 않았지만 물과 바람을 가르며 씽씽 내려가니 마치 하늘을 나는 듯한 기분마저 들더군. 구름을 탄 신선이라도 된 느낌이었지.

내가 무사히 폭포 아래로 내려오자 주위 사람들이 손뼉을 치면서 크게 웃었어.

"나리, 정말 대단하십니다!"

어깨가 으쓱해진 나는 또다시 폭포 위로 걸어 올라갔어.

이날 나는 폭포 위에서 여덟 번 미끄러져 내려왔어. 두 번은 실패해 몸이 고꾸라진 채 내려왔지만 다치지는 않았지.

여덟 번 정도 나뭇가지 물썰매를 타자 피곤이 몰려왔어. 나는 편평한 바위 위에서 한숨 잠을 청한 뒤 밤이 돼서야 암자로 돌아왔어. (이하 생략)

🌺 좀 더 둘러보기

이 글은 조선 전기의 문신인 남효온이 금강산에 다녀온 뒤에 쓴 기행문으로 발연폭포에서 물썰매를 탄 장면만 뽑은 것이다. 점잖기만 한 선비들이 폭포에서 나무줄기를 타고 물썰매를 타면서 신이 난 모습이 아주 생생하게 묘사되어 있다.

남효온은 생육신 중 한 사람이다. 수양대군이 단종을 왕의 자리에서 쫓아낸 뒤 왕이 되자(세조) 단종을 모시던 신하들은 세조에게 반대하고 1456년에 단종을 왕으로 세우려 했다. 이때 목숨을 잃은 여섯 명의 신하들을 사육신이라고 하고, 끝까지 세조를 왕으로 섬기지 않고 벼슬자리를 내놓은 사람들을 생육신이라고 한다. 연대로 보면 남효온은 단종 복위 운동이 일어났을 때 겨우 세 살이었는데 어떻게 생육신이 되었는지 이상하겠지만 거기에는 이러한 사연이 있다. 성인이 된 남효온이 성종 때인 1478년 단종의 생모인 현종왕후의 무덤을 복위시키자고 주장했다. 세조가 현덕왕후의 무덤을 물가에 강제로 이장했기 때문이다. 현덕왕후의 무덤을 복위시키자는 것은 세조를 부정하는 것과도 같기 때문에 신하들은 이를 받아들이지 않았다. 이에 남효온은 벼슬을 버리고 이곳저곳 떠돌아다니다가 생을 마쳤다. 이 사건으로 이후 남효온은 생육신으로 추대되었다.

🌺 근처에 가 볼 만한 곳

금강산
한반도에 있는 산 중 가장 아름다운 산으로 손꼽힌다. 가장 높은 봉우리는 비로봉이다. 금강산은 북한 지역의 강원도 금강군, 고성군, 통천군 등 3개의 군에 걸쳐 있는 산으로 높이는 1638미터다.
금강산은 계절에 따라 다 다른 모습을 하고 있기 때문에 이름도 계절에 따라 다 다르다. 봄에는 '금강산', 여름에는 '봉래산', 가을에는 '풍악산', 겨울에는 '개골산'이라고 부른다.

금강산에는 여러 종류의 암석들이 다양한 모양의 봉우리를 이루고 있다. 계곡과 폭포의 모습도 각양각색이다.

발연암
금강산 미륵봉에 있었던 절로 770년 신라시대의 진표율사가 세웠다. 남효온이 물놀이를 했던 발연폭포 옆에 있는 절이기도 하다. 이 절은 조선시대 효종 때인 1657년에 불에 탔다가 1659년에 다시 지어졌다. 하지만 지금은 이 절의 자취를 찾을 수 없다.

금강산의 다양한 봉우리(만물상)

〈발연암에 전해오는 이야기〉

발연암이 한창 번성했을 때 한 노인이 찾아와 밥을 달라 구걸을 했다. 그런데 절에서 이 노인을 내쫓아 버렸다. 다음 날, 풍수가로 변장을 한 노인은 절 앞 계곡에 다리가 있다면 이 절이 더욱 번성할 거라고 말했다. 이 말을 들은 발연암의 승려들은 다리를 만들었는데, 이때부터 절의 재산이 자꾸 줄어들면서 결국에는 문을 닫기 직전까지 이르렀다. 스님들이 이 다리를 없애 버렸으나 시냇물에 떠내려 온 돌이 모여 다리 형상을 만들었으며 끝내 절은 없어지고 말았다고 한다.

옛 선비들의 국토 기행

1판 1쇄 인쇄 | 2012. 8. 24.
1판 1쇄 발행 | 2012. 8. 30.

원영주 글 | 이수진 그림 | 권태균 사진

발행처 김영사 | **발행인** 박은주 | **편집인** 박숙정
책임편집 고영완 | **책임디자인** 이설아
편집장 전지운 | **편집** 문자영 김진희 김지아 박은희 김효성 김보민
전략기획실 이소영 최병윤 이은경 김은중 강미선 | **만화연구소** 김준영 김재윤
미디어기획부 이경훈 박준기 김학민 | **디자인** 김순수 전성연 윤소라 고윤이
마케팅 이희영 이재균 박진옥 정민영 양봉호 강점원 김대현 정소담
해외저작권 박선하 | **제작** 안해룡 김일환 박상현 김수연
등록번호 제 406-2003-036호 | **등록일자** 1979. 5. 17.
주소 경기도 파주시 문발동 파주출판단지 515-1(우413-756)
전화 마케팅부 031-955-3102 | **편집부** 031-955-3113~20 | **팩스** 031-955-3111

값은 표지에 있습니다.
ISBN 978-89-349-5881-9 73800

좋은 독자가 좋은 책을 만듭니다. 김영사는 독자 여러분의 의견에 항상 귀 기울이고 있습니다.
독자의견전화 031-955-3139 | 전자우편 book@gimmyoung.com
홈페이지 www.gimmyoungjr.com | 어린이들의 책놀이터 cafe.naver.com/gimmyoungjr